民营企业家的修炼

孙炯光 ◎ 著

中国财经出版传媒集团

经济科学出版社
Economic Science Press

·北 京·

图书在版编目（CIP）数据

民营企业家的修炼 / 孙炯光著 . -- 北京：经济科
学出版社，2024.1（2024.10 重印）

ISBN 978-7-5218-5585-2

Ⅰ.①民⋯　Ⅱ.①孙⋯　Ⅲ.①私营企业 - 企业家 - 研
究 - 中国　Ⅳ.① F279.245

中国国家版本馆 CIP 数据核字（2024）第 017728 号

责任编辑：孙丽丽　纪小小
责任校对：郑淑艳
责任印制：范　艳

民营企业家的修炼

孙炯光 ◎ 著

经济科学出版社出版、发行　新华书店经销

社址：北京市海淀区阜成路甲 28 号　邮编：100142

总编部电话：010-88191217　发行部电话：010-88191522

网址：www.esp.com.cn

电子邮箱：esp@esp.com.cn

天猫网店：经济科学出版社旗舰店

网址：http://jjkxcbs.tmall.com

北京季蜂印刷有限公司印装

710×1000　16 开　12 印张　170000 字

2024 年 1 月第 1 版　2024 年 10 月第 2 次印刷

ISBN 978-7-5218-5585-2　定价：49.00 元

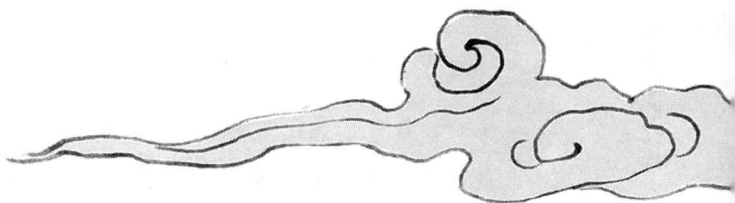

前　言

何以会有《民营企业家的修炼》这本书？

作为一个民营企业家，我的团队经营青岛鑫光正钢结构有限公司（以下简称"鑫光正公司"）已经几十年了，几十年经营企业的经验告诉我，工作在企业经营第一线上的民营企业家们，通常会有这样两个基础性的认知：

第一，民营企业家的一举一动都在牵引着企业的神经，企业员工们天天看着企业家的一举一动，并据此采取行动。为了更好地引领企业员工成长，共同促进企业发展，民营企业家们必须要修炼好自己的基本功，必须要不断地提升自己的认知水平，否则就无法轻松地带领队伍前行。

第二，每一个成功的民营企业家都有自己的管理逻辑，而还没有成功的民营企业家或者正在创业当中的人员虽然不能照抄这种他人的逻辑，但是完全可以吸收其中的养分，以修炼自己经营企业的能力，从而去追求他们想要的成功。

作为一个热爱学习的民营企业家，我们在长期的经营过程当中感同身受，受益于他人之处良多，便也开始收集此类资料，并且组建团队进行研究。

这件事情我们做了十几年，然后就产生了写作一本书的想法，以使我们所学与所会的东西除了可以在鑫光正公司发挥作用以外，还能够有更广阔的途径帮到更多的民营企业家和希望成为民营企业家的年青人去探寻个人成功与企业成长的道路。

于是，就有了现在的这本《民营企业家的修炼》。

基于这本书，我们希望帮助民营企业家们和正在创业的年青人，可以经营好企业，管理好队伍，多为员工和客户创造价值，多为社会做出贡献。

《民营企业家的修炼》这本书写些什么内容？

这本书一共分为11章，具体设计如下：

第1章是"顺应天道，提升认知"，其中又分作四部分，第一部分阐述民营企业家们遵守天道的必要性；第二部分倡导民营企业家们应该建构高维认知，以指导企业高水平地发展；第三部分探讨民营企业家们的德行修养；第四部分提出民营企业家的发展目标。

第2章是"充满信心，积极探求"，在这一章当中我们重点探讨三个观点，即民营企业家们成熟了，则其企业也就可能成功；民营企业家们要积极学习并用智慧做事情；在民营企业的经营过程当中，找到卡点比解决问题更重要。

第3章是"强化学习，破框成长"，在这一章当中我们提出了一个观点，即民营企业家既要做终身学习者，还要把员工培养成热爱学习的群体。在学习的过程当中，民营企业家们要学会用传统文化为自己赋道，要通过变革不断地提升自己。

第4章是"顺势而为，积极进取"，在这一章当中我们探讨两个环境：一个是国家大势；另一个是行业趋势。国家大势，对于民营企业的发展而言，势关重大；行业趋势，与民营企业的生存密切相关，势关成败。以上两者，民营企业家们都要给予足够的重视。

第5章是"企业造势，练好内功"，在这一章当中我们主要探讨了影响民营企业稳健发展的三个核心要素，即产品、团队和客户。如何选择产品（或服务），如何建构团队，如何经营客户，这三个问题是民营企业家们在自我修炼时必须要进行的科目。

第6章是"不忘初心，大有作为"，在这一章当中，我们收集了几个知名的民营企业家的相关论述，从中可以看出他们对于民营企业家修炼以及民营企业应该如何发展的态度，感受他们的真知灼见和他们身上不时散放的更加渴望成功的热情。

第7章是"战略分析，统筹规划"，在这一章当中，我们既从道的层面探讨民营企业战略管理的重要性，也从术的角度分享民营企业家们在做战略分析时应该使用的经典方法。借助这些经典的分析方法，民营企业家们应该带领自己的团队，全面分析大环境，精准分析小环境，从而做到精准地把握企业发展的战略态势，做好企业发展的战略规划，选择最有利于企业发展的战略类型。

第8章是"聚焦核心，打造品牌"，在这一章当中，我们重点探讨了影响民营企业发展的两个关键因素，第一个是企业核心能力，第二个是品牌管理。因为这两者之间有着密切的关联，所以民营企业在其发展过程当中，一定要做到聚焦核心能力谋发展，通过品牌管理促进步。在这一章的最后，我们还分析与分享了一家企业之核心能力的生成路径。

第9章是"文化引领，精准建构"，在这一章当中，我们重点探讨的是企业管理"三驾马车"之一的企业文化管理。我们认为企业文化是企业管理的柔性因素，它是企业发展的道，是灵魂，是可以引领其他企业管理工作的精神力量。基于企业文化管理的重要性，我们在此探讨了四个方面的内容，包括企业文化的精准理解、企业文化的共通内容、企业文化的理念指导和企业文化的建构过程。

第10章是"把握绩效，管理人性"，在这一章当中，我们系统化地探讨了企业管理"三驾马车"之一的绩效管理。首先我们学习了管子的绩效管理认知，然后呼吁民营企业家们要正确理解绩效管理的内涵，要深入挖掘绩效管理的作用，要打好绩效管理的基础，要坚守绩效管理的原则，要明确绩效管理的要求，要界定绩效管理的理念，要完善绩效管理的过程。

第11章是"团队优先，和而不同"，在这一章当中，我们重点探讨的是团队管理的相关内容。在前文当中我们提到了经营团队的重要性，在这里我们又从多个角度对团队管理进行了更加深入的研究，包括如何从不同的视角去正确认知团队，如何积极重视团队、如何打造高效团队、如何提防在企业内出现低效团队，以及如何把握团队管理的重点等。

《民营企业家的修炼》这本书有什么特点？

本书的特点在于以下四个方面：

（1）本书以实战性为导向，目的就是可以为民营企业家和希望成为民营企业家的人们进行自我修炼提供一个参考路径。为了达成这一目标，我们还设置了很多有针对性的内容，从而可以帮助这两类人群强化其管理能力，提升其认知水平，并让他们可以从中获取有效的营销方法与管理工具。

（2）本书以追求真实性为前提，所有内容都是笔者所学和所信的，并是笔者平常于企业经营和帮助他人经营企业时所讲的，它很有现实意义，且经过了众多企业家们的共同验证。

（3）本书的行文风格注重通俗易懂，多使用短句子，以让更多的企业家或者有志成为企业家的创业者们能够轻松地看明白，且可以轻松地加以使用。

（4）本书当中有众多的内容属于原创，这些原创性的内容都是源自笔者企业管理的实践，既有独特性，又具备通用价值。

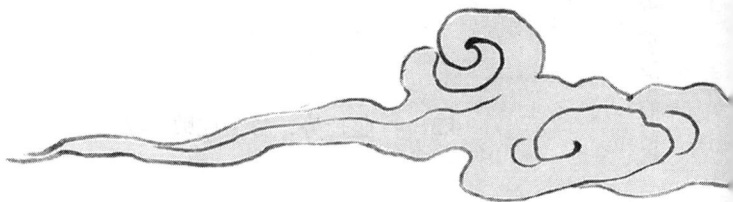

目　录

第 1 章

顺应天道，提升认知

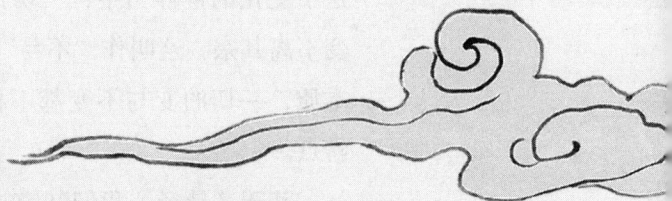

民营企业家作为一个特殊群体，他们对这个社会有两大贡献：第一个贡献是通过个人的努力创建企业并且为广大民众提供就业机会；第二个贡献是通过自己企业的发展为国家纳税，并让这些税收转化为造福民生的力量。

由此看民营企业家，他们是社会财富创造的主力军，是社会发展的强大支撑，是当下社会进步不可或缺的核心要素。

既然民营企业家在追求个人成功和个人财富的同时，对社会有着深远的影响，那么他们做事情必须要遵道而行，必须要守法经营，必须要符合天道人伦，而不能随意枉为，否则会给社会带来不良冲击，并会破坏自己成功的根基。

天道就是正道，做企业不可以走歪门邪道。

天道好轮回，苍天饶过谁，但凡做事不守天道与不遵人伦者，必然会面对失败的命运。

顺应天道，提升认知。

这是对民营企业家的基本要求，也是民营企业家可以成功并且能够持续成功的必要条件。

《易经》作为中国百经之首，它告诉我们这个世界首先是变化的，而且每天都在发生改变，这叫作"变易"；其次，在这个变化的世界当中，一切都是有规律可遵循的，正所谓万变不离其宗，这叫作"不易"；最后，当你能够透过现象看清本质，一切的变与不变都不再复杂，而会呈现出"简易"的特点。

基于《易经》我们知道，天道并不复杂，人道也不是不可把握。

作为一个有追求的民营企业家，只要用心感应天道，努力提升认知，就可以打造出优秀的企业，就可以让自己的公司走得很远，并为世界所知。

1.1 遵守天道是民营企业家成功的前提

为什么很多人那么聪明，却总是一事无成？

如果研究其中的原因会有很多，但是最为重要的一条是他可能做事情不够坚持。

天道的第一条规则是什么，当然是"酬勤"。

"天道酬勤"告诉我们：一个懂得坚持且持续努力的人才能够获得成功，并且会持续地走在成功的道路上。

民营企业家马云多次创业，多次失败，最后成功，为什么？坚持也。

民营企业家张一鸣一再创业，失败多次，最后成功，坚持使然也。

事实上，此道理并不复杂，可正是这简单的道理却阻挡了很多人成功的脚步。

成功真有那么难吗？

说其难也难，说其不难也真是不难，如果你敢冲、坚持、务实、精进，它就在不远的地方等着你。

而如果你朝三暮四、左顾右盼，不认真做事，或者不能坚持自己的选择一直努力做事，则成功就会变得很难。

民营企业家们是认识这个道理最为深刻的群体，所以他们多数人都成功了。

可是，也有少数创业者，或者不那么成功的民营企业家，最后没有走得很远，也就失败在了不够坚持这一条上。

为什么有的民营企业家辛辛苦苦赚到点钱，最后都烟消云散了？

因为他们没有守好"正道",把钱花到了不该花的地方,或者有钱了就去做不应该做的事情。

"正道"才是天道,天道从没有教人们去走歪门邪道。

古人讲:君子爱财,取之有道,用之有度。

一个人不仅要学会赚钱,而且也要学会花钱,让钱去往它应该去的地方。

如果一个人因为赚钱不易而不舍得花钱,这种做法我们不提倡;而如果一个人因为赚钱很辛苦,就挥霍钱财,这种做法我们更是极力反对。

可是有许多民营企业家,因为赚到了一点钱,便有些飘飘然,忘记了自己的初心,不把钱投入企业的再发展当中,而是用于不良爱好上,结果钱没了,人也堕落了,这可真是悲哀。

这就违反了天道。

钱财是一种工具,我们要最大化地发挥它的价值,以让它为我们服务,让我们过得开心,让我们的家人快乐,让我们过上体面的生活,让我们因此可以为社会做出贡献。

除此之外,它就什么也不是了。

所以说,一个人在钱财方面的起心动念一定要合乎道、合乎法、合乎社会规律,既不要仇视它,也不要盲目崇拜它。

民营企业家们作为一个相对有钱的群体,更应该把握住这个原则。

这是天道。

为什么有人一生很努力,却终究摸不到成功之门,因此而郁郁不得善终?

那是因为他虽然有才,却没有用才,有才不用与没有才华是一样的。

"天道酬勤"的真正内涵不只是鼓励人们要勤奋,而且也要求人们做事动脑筋,要用智慧。

这一点尤其适用于民营企业家,因为他不是一个人前行,他要带领一队人前进。

如果他不使用智慧做事情，那团队怎么办？

现在有的人在鼓吹一种论调，即勤奋的人不可能变成富有的人，依靠勤奋不可能获得较大的成功。

说这话的人显然没有关注到一个前提，那就是勤奋而用心的人与勤奋而不用心的人不属于同一类人，他们之间有着本质的区别。一个人用心做事情，再加上还具备勤奋的精神，又是一个坚定的行动主义者，那么他是一定会成功的。

一个人无论他有多么大的才华，如果不付诸行动，那么他就不是人才而只是一个人而已。

这句话告诉我们：有才华不等同于有创造力，更不等同于有执行力。

当你成为一个行动派时，你的才华才有可能找到施展的路径；当你的行动合于道，合乎社会的规律，合乎企业的要求时，你才会成为一个有用的人。

一个有用的人比一个有才华却不知道正确使用的人强十倍。

很多时候，我们做事情不能想当然，要更多地想其所以然，要多问几个为什么。

"顺应天道，提升认知"，这才是民营企业家们立于社会不败且能够大步前进的重要前提。

1.2　建构高维认知是民营企业家成功的必要条件

"认知决定行为，行为决定结果"，这是天道逻辑在人道活动当中的显现，它不仅适用于企业家，也适用于所有人。

依据这个逻辑可知：一个人的认知如果低了，那么他的成功概率也就不会太大，或者说很难获得更大的成功。

老子在《道德经》当中写道，"上士闻道，勤而行之；中士闻道，若存若亡；下士闻道，大笑之。不笑不足以为道"。

在《论语》当中也记载了孔子此类的话，子曰："中人以上，可以语上也；中人以下，不可以语上也。"

这两位大贤在不同时期于不同的场合下都表述了同一个思想，即认知上的局限性会把人分成不同的等级，而认知等级越高的人越能接受先进的事物且越容易获得成功。

认知越高的人越有可能接近"道"，越会坚定地遵守"天道"。

所以，无论是民营企业家，还是渴望成功的普通人，首先必须建构高维度的认知，如此才能更好地去追求个人的不断进步与企业组织的可持续成长。

认知是什么？往大了说它是世界观，往小了说就是想法，就是一事当前你如何去思考。

而你是如何想的，往往会决定你如何去做，如何去做又往往决定了结果，所以说，想法很重要。

如果你想对了，就有可能做对。

如果你想错了，就一定做不对。

如果你想简单了，可能事情不会做得全面。

如果你想复杂了，可能在做事情的过程当中会出现误会。

所以，想法很重要，认知很重要。

想法不能错，认知不能出现偏差。

对于一个民营企业家来说，你永远赚不到超出你认知范围的钱，除非你靠运气，但是靠运气赚到的钱最后往往又会靠实力亏掉。

这是一种必然。

换一个逻辑来思考就是：

你所赚取的每一分钱，都是你对这个世界认知的终极变现。

你所亏的每一分钱，都是因为你对这个世界认知存有缺陷。

这个世界最大的公平在于：

当一个人的财富大于自己认知的时候，这个社会可有 100 种方法去收割你，直到你的认知和财富相匹配为止。

为什么骗子最愿意从那些无知的人和认知比较低的人下手，这是因为在认知上如果先胜了一筹，然后他们就会很容易得手。

千万不要有一夜暴富的认知，也不要有不劳而获的想法，更不要相信"天上掉馅饼"的好事。

那些都不能使你获得幸福的人生，只能让你一不小心就掉进陷阱。

为什么？

道理很简单，因为有这样认知的人，他们就不具有掌控此类财富的能力。

当自身的能力和所拥有的财富不匹配的时候，就会产生错位，就会导致盲目地自信自大。

如果盲目地自信自大，就会在不具有投资能力的时候却选择了风险较大的投资，或者寄希望于赌博能一直好运。

这样做事情就好比内力不行的人去练习武林绝学，最后只能是走火入魔。

想走捷径，这世上哪有捷径可走！

即使一时走上了捷径，也容易在这条道路上跌跟头。

而认知越高，则能力越强，赚钱就会变得越容易。

在此我们可以举一个众人熟知的例子，即世界首富马斯克先生。

这位神一样的创业大佬在以他的认知不断地推动世界向前发展，在为他所进入的行业不断地注入动力与活力。

马斯克先生秉持"第一性原理"的认知去创业，使他所创办的每一个企业，都让世人刮目相看。

而且他还懂得分享，甚至分享大家认为最不应该分享的公司秘密。可其分享的结果却并没有削弱其公司的竞争力，反而使之更具影响力。

基于他的认知水平超越常人，所以他一度成为世界首富，站在了世界最优秀企业家的前列。

怀着对他的敬佩之心，我们检索了他早期的主要经历和成就，可罗列如下：

（1）埃隆·马斯克（Elon Musk），1971 年 6 月 28 日生于南非的行政首都比勒陀利亚。

（2）拥有南非、加拿大和美国三重国籍。

（3）就读于宾夕法尼亚大学，获经济学和物理学双学位。

（4）1995～2002 年，埃隆·马斯克与合伙人先后办了三家公司，分别是在线内容出版软件"Zip2"、电子支付"X.com"。2000 年，X.com 同 Confinity 合并，2001 年正式并入国际贸易支付工具"PayPal"，于 2002 年由 eBay 收购，是 eBay 旗下的一家公司。

——PayPal 和 eBay 相当于中国的支付宝和淘宝。

（5）2002 年 6 月，创办美国太空探索技术公司（SPACE X），出任首席执行官兼首席技术官。

（6）2004 年，创建特斯拉汽车公司，出任该公司董事长。

（7）2006 年，与合伙人联合创办了光伏发电企业太阳城公司。

然后我们看看他都有哪些认知，可以让我们在经营企业的时候学习：

"人一定要有目标，有目标就一定能够实现。哪怕还没有想好如何实现的途径，就已经有一种全然相信的力量。什么是全然相信的力量？那就是梦想的召唤。"

"成功经营企业的人一定要少花点时间在会议上，少花点时间在 PPT 上，少花点时间在财务报表上，而要多花点时间在工厂，多花点时间了解客户，要经常反问自己我们的产品是不是最好的，还有没有改进的地方，如何去改进才能让它们成为最好的，而这些才是最重要的。"

这样一位企业大咖所说的道理其实就是一种很实在的认知，他并没有故弄玄虚，也没有夸夸其谈，更没有华而不实。

他说得很实在，这种实实在在的认知决定了他的行为，并帮助他不断地获得成功。

我们众多的中小民营企业家们是不是也可以借鉴这种认知，一方面要有梦想，另一方面又要学会脚踏实地。

既能够创造性思考，又能够不断地强化自己的动手能力。

1.3　德配其位可保民营企业家走得很远

德才兼备不只是对人才的要求，也是对民营企业家的要求，德配其位者，才是符合天道之选的人。

在《管子》一书当中有这样一段话，"君之所审者三：一曰德不当其位；二曰功不当其禄；三曰能不当其官；此三本者，治乱之原也。故国有德义未明于朝者，则不可加以尊位；功力未见于国者，则不可授与重禄；临事不信于民者，则不可使任大官；故德厚而位卑者谓之过；德薄而位尊者谓之失。是故国有德义未明于朝而处尊位者，则良臣不进；有功力未见于国而有重禄者，则劳臣不劝；有临事不信于民而任大官者，则材臣不用；三本者审，则下不敢求；三本者不审，则邪臣上通，而便辟制威"。

分析以上这段话可知：

判断一个人是不是一个高层次的人应该重点关注三个方面：一是其品德与地位是不是相称；二是其功劳与俸禄是不是相称；三是其能力与官职是不是相称。总结这三个问题可知，品德好（德当其位）、功绩高（功当其禄）、能力强（能当其官）者方是人才，缺一不可。

管子说，这三个根本问题是国家治乱的根源。

我们认为，这三个判断的标准同样适用于民营企业家。

一个人的财富，千万不可大于自己的功德，当你的财富大于功德之际，也就是陷入风险当中之时。

这是一种经验性的认知，是老祖宗们吃过很多亏以后总结出来的，说得很有道理。

试想一下，作为一个民营企业家，一旦你的财富大于自己的功德与能力，那么是不是其中会有投机取巧，或者不劳而获的成分。

一时投机取巧，或可成功；

一世投机取巧，能够一直成功吗？

当你习惯了投机取巧，并依赖投机取巧的时候，你就不会再努力了，就有可能要倒霉了。

因为，这个世上，就不存在靠着投机取巧一直成功的人。

所以，你就离失败不远了。

在努力的过程当中，失败并不可怕，失败了再努力，还有可能成功，这样的例子古往今来数不胜数。

而在投机取巧的过程当中，失败了就很难再有机会翻盘。

因为你在投机取巧的时候，多数会损害到他人的利益。他人被你屡屡伤害，必然怀恨在心，而一旦得到机会，就不会放过你，一定会将你踩得再也不能翻身。

作为民营企业的佼佼者，京东的企业文化当中有一句话说得很有道理，"正道成功，客户为先，只做第一"。

这其中，正道为先，说的就是人要走正道，走正道的人很踏实。

做企业当然也要走正道，这样的企业受人尊重。

企业在对外运营时，必须遵守法律法规，必须遵守行业规则，绝对不能损害客户和供应商的利益，绝对不能破坏环境，必须融入社区而不能做出任何反社会的行为。

这样经营企业，企业家会很安心。

"走正道"者，走在正确的道路上，不搞歪门邪道也。

不搞歪门邪道，就是规范经营，如此经营的企业就具备了"规范意识"。

自己规范自己，要比他人规范你好得多。

自己规范自己，是自我发展。

他人规范你时，你会很难受，会有损失，甚至损失很大。

言及此处，还可以提一个概念即"自律"。

做人要自律，这是一种"慎独"的功夫。

做企业也要自律，这是可保企业永续经营的法宝。

有"自律"意识的企业，是不会做损害员工、客户、社会利益之事的，是不会干偷税漏税勾当的，是不会为了一时之得失而做出损害企业声誉行为的。

"人间正道是沧桑"，做规范的企业，规范地去经营，有这样"自律"意识的企业才能与各方实现长期稳定的"同频共振"，才能够走得更远、发展得更快、经营得更好。

"出来混总是要还的"，你做了错事，违反了法律，损害了客户和供应商的利益，到头来终究要偿还，到那时你即便不吐出所得，也会失去再前行的支撑，从长远的角度看真是得不偿失。

如果不走正道，出事是早晚的，就好比那些贪官，绝对不是贪一次就被拿下的，有的贪了几年，有的贪了几十年，一直伪装得非常好，可最终不还是东窗事发了。

"不是不报，时候未到"，我们做人、做事、做企业，不能再存有侥幸心理，不要说"法不责众"，不要随波逐流。

企业经营一定要走正道，一分耕耘一分收获，我们拥有的财富，是靠创造价值转化出来的，是为别人提供了产品、服务、解决方案换来的。

这样的钱我们赚得踏实，花得也放心。

最近这些年，有越来越多的人本末倒置，为了赚钱而不择手段，可结果如何呢？

贪污的人被法办了。

搞垄断的企业被制裁了。

通过不正当手段赚钱的人跑路了。

这说明什么？一个人的功德配不上自己财富的时候，就会发生德不配位、必有灾殃的事情。

再次强调一下，"人间正道是沧桑"，所以我们做生意的人、经营企业的老板，一定要做正确的事情，一定要走在正道上，一定要让我们的财富匹配我们的功德，而不是大于它。

有些人因为某些机缘赚到了些钱，然后就不再努力了，就天真地以为这个世界上还真有躺着赚钱的机会，他们这样想时，就真的天真了。

还有些家长，因为机缘赚到一些快钱，就不让孩子努力了，这样的家长是在帮助孩子呢，还是在危害自己的孩子。

想一想吧，这钱来得容易，必然花得也大方，可是在这个大方花钱的过程当中，年青人能够养成什么好习惯呢？

我们亲耳听过，有多少"富二代"，毁在了这飞来的横财上。

这个社会是很公平的，所以我们可以发现一个很普遍的现象：前些年赚钱很容易的人，这些年基本上都散尽了家财。

为什么？

前面我们讲过：一个人的财富，千万不可大于自己的功德，当你的财富大于功德之际，也就是将你陷入风险当中之时。

有人说，中国不缺会赚钱的人，但是缺少企业家。整个中国只有两个企业家：一个是华为的任正非，另一个是玻璃大王曹德旺。

这种说法一定是极端了，但是却也反映出一个道理，那就是钱财与功德匹配起来以后，才能让一个民营企业家受他人所敬重。

否则你再有钱，又怎么样呢？

你可能只是一个富裕的生意人，却难担得起企业家的称呼。

曹德旺老先生人如其名，德行旺盛，不仅捐资众多，而且还拿出自己的大部分财富兴建了大学。

而且是一个很高层次的大学。

这份功德有谁能匹敌啊。

所以，我们基于曹德旺老先生办大学这件事情，可以说他才是真正的钱财与功德匹配的典范。

我辈民营企业家们应该向他学习。

1.4 持续经营是民营企业家追求的目标

《易经》上讲，"暴得大名，不祥"。这句话的意思是说：一个人突然获得了大名声，并不一定是件好事情。

比如古代的方仲永，少年成名，然后为名所累，失去了上进的动力与时机，最后闹得默默无闻、一事无成。

再看唐宋八大家的成长历程，哪一个不是踏踏实实地求学，一步一步地在成长，最后在持续的努力下走向了人生的巅峰。

反观当代，有多少所谓一夜成名的明星，他（她）们往往也如流星一样，一闪而逝，并没有在人们的视野当中过多地展现才华，就从这个社会上消失不见了。

还有甚者，一时成名，便忘记了东西南北，到处乱讲话、耀武扬威、胡作非为，不尊重女性、吸毒、偷税，结果呢？被限制出镜、被限制消费，甚至银铛入狱，切实没有什么好下场。

所以说：一个人的名声，不可大于自己的实力；一旦你的名声大于实力，你就会名不副实，就是欺世盗名，就可能有灾难。

在互联网时代背景下，很多人都在追求名声和影响力，这本身不是坏事。

因为有了名声好办事，还会被大家推崇，所以大家去追求名声也无可厚非。

但是，当一个人的才华配不上他的名声的时候，也就意味着他在享受和利用超出自己学识之外的资源，而这就是在透支自己的长期积累。

透支完毕以后，后续无力了，灾难自然就来了。

所以说，当我们的名声提升时，一定要不断地同步提升自己的实力，并且要时时警醒自己：

实力提升的速度，一定要超过名声提升的速度，只有这样才能不断地走向更大的成功！

很多成功的民营企业家走过了这么多年的历程，发展得越来越好，就是受益于这样的认知。

从没有因为自己不断地成功而沾沾自喜，也没有因为有了一些声望就止步不前，更没有到处去吹嘘和炫耀，而是更踏实地走好每一步，为每一个阶段的发展都准备好最充分的力量。

作为民营企业家，一定要建构这样的认知：

一时成功容易，可持续成功并不容易，所以要慎终如始，不忘初心，如此才能带领自己的企业走得更远，走得更稳。

第 2 章

充满信心，积极探求

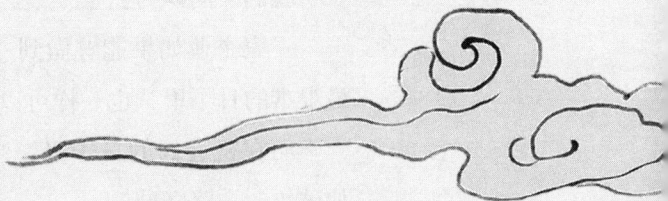

一个企业家需要充满自信地看待自己创设的企业。

一个真正的人才应该充满自信地看待自己的能力。

这不是盲目地强行自信，而是一种对未来的期许和对于自己需要不断修炼的要求。

事实上，当你认为会好一点时，可能就会好一点，至少你不会因此而放弃。

这个是肯定的，它不涉及唯心与唯物的命题。

而当你悲观失望、对未来缺乏信心时，前途就真的可能会变得一片暗淡。这个时候你可能会选择不再坚持，于是你就真的失守了，甚至是失败了。

认知决定行动，行动产生结果。

这是必然的逻辑。

所以要提升认知，同时要不断地给自己加油打气，从而生成信念的力量。

所以，为了让自己好一点，让自己经营的企业更好一点，民营企业家们一定要首先提升自己的认知，然后抱着积极和自信的心态，去努力追求发展的目标。

如此，结果可能就会真的好一点，甚至是好很多。

我们一向认为：

一家企业如果能够做到"充满信心，积极探求"，即使在最艰难的日子里，也一样可以获得发展的机会。

而在机会好的日子里，这样的民营企业的发展必定会势如破竹、一路高歌。

2.1　民营企业家成熟了企业也就成功了

民营企业提升认知的道路应该由企业家开拓，然后才是由他带领员工们不断地尝试且积极地前行。

尤其是对于初创企业而言，民营企业家的作用可以发挥到99%，也就是说，一家民营企业最初能否成功近乎百分之百由其企业家决定，而不是资金、技术、人才等其他方面的因素。

所以说，民营企业家的认知高度就决定了其企业发展的进度、广度和深度。

所以我们说：

民营企业家成熟了企业也就成功了，或者离成功也就不远了。

换句话说，民营企业家很成熟、很努力、很有创造力，那么一家民营企业想不成功都不可能。

正是基于这样一种认知，社会上的有识之士们达成了一种共识，即要帮助企业成长和社会发展，就应该首先从民营企业家的学习和企业高管的培训开始。

同理，要帮助学校进步，就应该首先从校长和老师们的培训开始，如果他们的认知上不去，他们的态度不够积极，那么永远也不可能教育出优秀的学生。

基于此，可以毫不夸张地说：

一个好校长，就是一所好学校；

一个好老板，就是一家好企业。

一所好学校，代表着众多家庭的美好未来；

一家好企业，其背后可以支撑起千万个家庭的幸福。

"充满信心，积极探求"，任何一家企业都可以不断地获得成长。

"充满信心，积极探求"，即便在困难的时刻，也可以让很多企业脱颖而出。

可是对于那些认知不足又不肯学习的民营企业家而言，他们的企业倒闭也就在情理之中了。

突如其来的新冠疫情让很多企业倒闭，可它只是压死骆驼的"最后一根稻草"而已。因为它的出现，加速了一些认知不高企业的消失，也加快了很多企业"投胎"的过程。对于某些认知强大、善于发现和把握机会的企业家而言，还真是要"感谢"疫情给予了他们一次成功或者再成功的机会。

每一个人都渴望成功，可成功多是短暂的，而成熟才是漫长的。

当一个企业家成熟了，那么他的企业成功才会延续更长的时间。

什么是成熟？成熟不是坐而论道，不是天天在那里空想。

成熟是干出来的，这正如幸福是奋斗出来的一样。

这个认知是一切认知可以发挥作用的基础。

万达集团是一家优秀的民营企业，发展得很成功也很持久，即使经历些风雨，也能屹立不倒。

可是它为什么发展得那么成功，经营得那么持久呢，其中原因很多，而最为主要的一个就是它拥有一位认知宽广且心智成熟的企业家。

很多民营企业想成长，很多民营企业家想成功，可是这些想成功的人却不肯努力地付出，只是想着赚快钱，只是想着投机取巧，只是想着怎么样少出力气多获得收益。

这样的认知能行吗？

肯定不行。

说得通俗一点，看一家企业成功不成功，首先要看这家企业的企业家用功不用功。

这也是一个重要的认知。

为什么要这么努力？

因为你若不努力，就会有比你更努力的人成功，而你还在那里唉声叹气。

唉声叹气是最无能的表现。

而努力投入和积极探求才是不负年华的最好样子。

请一定要记住这个认知。

成功是努力以后结出的果实。

所以，我们必须要不断地以汗水浇灌它。

经过前面的论证，可能很多人已经认知到一个企业家的成熟与一个企业的成功是密切相关的，没有民营企业家的成熟，就很难有民营企业的成功。

这个认知，并不难理解。

可是如何做才能让一个民营企业家变得成熟呢？这个可能就有点难度了。

这个难度不是体现在方法上，而是表现在态度上。

合理的事做得多了叫"经历"，看上去似乎不合理的事还要坚持叫作"磨砺"。

"经历"可以让我们成长，而"磨砺"却让我们成熟。

一个人有不怕磨砺的心态、勇于坚持的毅力和不断坚持行动的志向，那么他就是成熟的或者至少是在慢慢地变得成熟。

说一个人成熟，其实并不是一件非常愉快的事情，因为这个成熟背后总会有付出和辛酸。对此我们可以断言：多数成熟的人都曾经非常坎坷，都非常不易，甚至都曾经遇到过伤害或阻碍过自己前进的小人。

可是贵人让我们成长，小人让我们成熟。

刘强东是一位优秀的民营企业家，是一个农村子弟依靠自己的努力而成长起来的典范，现在是几家上市公司的实际控制人，可以说风光无限。

但是京东的发展之路是一帆风顺的吗？

当然不是，它也一度面临倒闭的危险。

最终京东为什么挺过来了，还发展得很好呢？

这其中原因有很多，比如遇到了贵人投资相助，比如核心人员团结一致等。

但这些都不是最为主要的原因。

最主要的原因还在刘强东身上，是他的坚持和坚韧帮助京东克服了各种难关，一路向前高歌猛进式地发展，而他本人也在一次又一次的危机之后变得越来越成熟。

是什么让他成熟？是什么让京东成功？

其中当然有磨砺的作用。

经过多番磨砺的人，慢慢地就懂了，很多事情是这样的：

从本来应该如此，

到原来不该如此，

最后也不过如此。

不经历风雨怎么能够见到彩虹，而经历了太多的风雨还没有放弃的人，又怎么可能见不到美丽的彩虹呢！

在一个成熟企业家的带领下，没有哪个企业会被打倒。

所以我们坚定地认为：

企业家成熟比企业成功更重要！

企业家成熟，企业成功是必然；

企业家不成熟，企业成功是偶然。

正所谓：得之坦然，失之淡然，顺其自然。

这才是最好的心态。

这才是成功的前提。

因为磨砺而后成熟，因为成熟而后成功，这样的事情不只会发生在那些大的民营企业家身上，在我们的身边这种例子也比比皆是。

看看人生的起起伏伏，再看看世事的伏伏起起，你便明白了什么叫作坚持,什么叫作磨砺,什么叫作日益成熟。

日益成熟的人不一定能够做成大事,但一定能够做成很多事。

成熟的民营企业家不一定都能够做成大企业,但一定能够做成优秀的公司。

2.2 积极学习并用智慧做事情

民营企业家们不是普通的群体,他们必然要带领众多的人共同前行,也就是说,他不是一个人在战斗,他要为很多的人负责。

所以,他们轻易不能出错,他们不能一意孤行,他们要用智慧做事情。

有时候,企业问题解决不了是智慧不够。

有时候,当方向错了,停下来就是进步。

生发智慧,是解决企业问题的关键;而盲目乱撞的人很难成功,即使小有所成也不可能持久。

所以说,积极用智慧做事情,是民营企业家的一大修炼科目。

有人以为:认知补足了,似乎成功就要到来了。

可是,却又不尽然。

即便有了正确的认知以后,你在成功的路上还有一点距离,你还要利用你的智慧去找到成功的卡点在哪里。

什么是卡点?这就好比有时候你离成功似乎只有 10 厘米,可却就是到达不了那里。

这 10 厘米的距离就是卡点。

有些东西其实就是一层"窗户纸",一捅就破了,但是在捅它之前,你要先找到窗户在哪里!

窗户在哪里，就是卡点在哪里。

所谓的"卡点"，就是影响你成功的最后 10 厘米和你要寻找的那个"窗户纸"。

为了走完这 10 厘米的距离，为了捅破这层"窗户纸"，你不可乱打乱撞、漫无目的地去尝试，而应该利用你的知识和经验交叉形成的智慧为你点亮一盏指路明灯。

如果你的知识不够，就去学习；

如果你的经验不够，就去请教。

如果这些你都不做，既不学习，也不请教，那你就悲催了。

人生最悲催的事情之一是，"窗户纸"就在 10 厘米之处，你却不知道。

学习可以使人进步。

学习可以使人明目。

所以对于民营企业家而言，学不可以已，要学无止境，要学以致用。

事实上，这个道理适用于每一个渴望成功和已经成功的人士。

由学习而获得知识，把知识灵活地应用并形成经验，把知识和经验交叉起来解决问题，并用以寻找成功的道路，你便渐渐地走进了成功的大门，或者走入大门以后还能够继续前行。

很多成年人已经不知道应该如何学习或者应该如何看待学习了，我们的观点是：

如果你把每次学习都当作第一次，你就会感到新鲜；

如果你把每次学习当作最后一次，你就会感到珍惜。

所以：以新鲜的态度和珍惜的心去看待学习，你就掌握了学习之道，并由学习之道而接近智慧之门。

当你有了足够的智慧时你的前行之车就停在了通往成功的道路上，而且油箱里还加满了油。

民营企业家之学习与众人没有什么不同，又有一点区别，那就是民营企业家们必须多向古代大贤们学习关于智慧应用的内容，这样做可以帮助民营企业家获得无穷的智慧。

民营企业家们要向哪些古代大贤们学习呢？首先当然是"三子"了。

第一子是老子，老子是天下第一名师。向老子学习，读《道德经》就够了，老子把他的毕生所学完全融入这本书中，其中所包含的智慧足够民营企业家们大开眼界，使认知获得广泛提升。

第二子是孔子，孔子是大成至圣先师，而且是平民导师，他的智慧普遍具有应用性的特点。向孔子学习，读《论语》就够了，孔子及其杰出弟子的思想精华全部汇聚于此，他给予我们民营企业家的启示绝对不止于儒家礼教，而是道、法、器、术的全部内容。

第三子是孙子，孙子是世界公认的战略管理大师，同时他还是一个战术运营大师。向孙子学习，读《孙子兵法》就够了，这是中国以至世界史上最伟大的兵书战策，其中所载之智慧无人能及。民营企业家学习《孙子兵法》，不仅可以培育战略思维与战略领导能力，懂得运用战略分析与战略规划的方法，而且还可以帮助民营企业家们大幅度地提升其组织架构管理与人才培养的认知水平。

向老子学习主要应该学习的是大道，是天地之道，是领导之道，是为人处世的人间正道。

向孔子学习主要应该学习的也是道，是可用的人才识别之道、做事之道、学习之道、交往之道等。

只是学道还不行，还要学法，还要学习把道应用于实际的方法，这就得向孙子请教了。

《孙子兵法》十三篇，每一篇当中都包含着大量的智慧与方法，将这些智慧引用到现代企业管理过程当中，就会生成大量的理念与工具，其内容极其丰富。

有人会问，老子、孔子、孙子以及中国古代大贤们没有经营过企业，也没有从事过贸易，怎么会教我们道法经营？

答案是：道者，除了是路径，是原则，是规律，是规则外，它更多的是道理也，是智慧。

知道了道理，掌握了智慧，还有什么事情不能做、不会做。

换言之，有了领导之道、人才之道、为人之道、做事之道、学习之道和交往之道以后，还会不清楚企业之道吗？

法者，方法也。

《孙子兵法》讲述的都是饱含大智慧的做事方法。

而有智慧的做事方法还存在过时与不过时之说吗？

向古代大贤学习道法经营是智者所为。

智慧之学，存乎一心，运用于事，必然会帮助民营企业家们创立伟大企业，做出世界知名的品牌，成就不凡的人生。

民营企业家牛根生先生就很看重向"三子"学习，所以他在创立公司的时候，就使用了"三子"的核心思想为自己的企业设计企业文化，于是就有了蒙牛公司著名的"三个三"理论。

三个"三"是指"三子""三洗"和"三力"。

"三子"就是孔子、孙子和老子。

在蒙牛的企业文化当中，其所采用的孔子的思想是"克己复礼"，其所采用的孙子的思想是"不战而胜"，其所采用的老子的思想是"上善若水"。

"三洗"就是洗面、洗脑和洗手，其中，洗面代表的是时尚形象，洗脑代表的是全球观念，洗手代表的是两袖清风。

"三力"就是体力、财力和智力，其中，体力代表的是产品经营，财力代表的是资本经营，智力代表的是品牌经营。

2.3 找到卡点比解决问题更重要

一个人的智慧不是天生的，而是后天学习获得的。

当你的智慧不够的时候，学习是最好的途径。

当你通过学习提升了自己的认知水平以后，就可以找到卡点。

民营企业家们在学习以后进行自检，便可以找到企业发展的卡点在哪里，如此问题就解决了一半。

找不准卡点，问题就永远不可能得到解决。

所以说：找到卡点比解决问题更重要。

有人可能说：

因为我们所处的行业不同，不同的行业有不同的特点，所以我们能通过学习他人的经验和智慧来解决我们行业的问题吗？

答案是肯定的。

行业不同，人性相通。

没有什么行业是特殊行业。

只要是"人"，就有共通的人性。

简单概括人性是什么，其实就是需求。

用四个字来描述需求，就是趋利避害。

而管理的本质就是要满足人们的需求，帮助人们更好地趋利，更好地避害。

很多卡点往往就是出现在人们趋利避害的过程当中。

认知了这个道理，也就可以说：不存在解决不了问题的行业。

无论是什么领域的企业，也无论这个企业的规模有多大，只要企业家和员工们能够不断地提升认知，不断地寻找影响企业发展的卡点，并且通过不断地学习以寻找解决这些卡点的办法，企业就一定可以获得大幅度的进步和可持续的提升。

找准卡点，抓住重点，积极用智慧解决问题。

这就是民营企业家们需要努力的方向。

如何换一个词汇来描述卡点的作用，那就是"定位"。

如何进行企业定位，这是任何一个企业在其发展之初都要首先面临的问题。

同时，它也是民营企业在发展过程当中要不断被审视的关键。

对此，要求民营企业家们做出四个层面的回答，并可以就此确定企业发展的方向和个人奋斗的目标。

第一，你的企业选择进入什么产业发展？

如果你选择了朝阳产业、密切联系互联网的行业、国家大力扶持的产业或是具有极大创新潜力的行业，你的企业就一定会有巨大的发展空间，就可以构建广阔的发展平台，并内生巨大的发展潜力。

而如果你选择了夕阳产业，选择了国家限制发展的行业或是受地方保护的产业，你的企业就一定只能在夹缝中生存，在产业衰落的大潮中挣扎，在与地方政府的限制性对策抗争中消耗实力。

即使内部管理非常成功，也会因为外部环境的险恶而难以大展身手。

此外，产业的发展是有周期的，同时还具有浓厚的时代特征。

所以，一个产业在一段时间里可能是大有前途的，而到了一个新的时代却可能变得没落。ChatGPT 的出现，对整个计算机行业都是一种打击，就是一个很好的例子。

这给企业的经营带来了很大的不确定性，也会逼迫民营企业家们重新做出选择。

如果在一个产业里经营久了，这种调整的代价会很高，也很困难，它所考验的就是民营企业家们的前瞻性判断和适时调整的决心与智慧。

第二，你的企业在所选择的产业中主要经营什么业务？

任何一个产业都有它的产业链条，都有它多元的业务和多维的发展领域。

有实力的民营企业可以在产业的"全链条"上经营。

而实力不足的民营企业或是有"集中战略"安排的企业因为自身资源和能力的限制或是受战略发展导向的影响，只能在一个或是部分链段上发展。

这样做也很好。

民营企业家们要时刻思考业务选择的问题，同时，也会因为环境的变化，而主动或是被动地调整业务发展的重点。

在这个过程中，产业发展的链条与企业内部发展的价值链条必须要很好地进行对接。

对接的指导思想就是"扬己所长，避己所短"，集中优势资源，全面发展最有利于自己企业的那个价值长板，而适时地放弃不利于企业长远发展的短板。

第三，你的企业于所在的产业是否选择了多点同时运营？

这个问题实质上讲的就是所谓的"相关产业多元化"发展。

以交通运输企业为例，很多公司既经营长线客运，也经营短程客运，还经营出租车、校车、班车、公交车、特种车等；也有的公司，只选择一个业务发展，比如只经营出租车，或是只经营长途客运；也有的公司只做客运服务，比如经营加油站，或是保险代理等。

我们不提倡民营企业跨界发展，开展不相关产业的多元化经营，但是相关产业多元化却被我们所推崇。

如果这样经营，企业在资源整合、人才管理、制度建设、文化管理、流程设计等各个方面，可以形成有效的合力，可以多方向获利，企业因此而生成的抵抗风险的能力也强。

还是以交通运输企业为例，当国家出台了800千米以上的长线客运不再审批的政策时，那些原本只经营长途客运的企业便遭受了沉重的打击，企业因此被迫关闭，或是转型到其他行业另谋发展。

而原本选择多点经营的企业，在长线客运受到冲击以后，便转而重点经营城际客运、县际客运或是专注经营公交车或出租车客运，企业虽然也受影响，但不至于自此一败涂地。

当然，如果只做一个业务，做得非常专业化也是一种很好的选择。

著名华商企业领袖郭鹤年在谈及自己成功经营企业的经验时，所点出的第一个关键词就是专一，他说，我经营企业的经验是要专一，不能花心。

第四，你的企业是否在跨行业发展？

一般而言，能够多产业布局，选择若干行业同时经营的企业，实力都是比较强的，而且其战略谋划会非常清晰，管理也会非常规范。

但是，如果选择了"不相关产业"的多元化，所要面对的风险也是大的。

像昔日巨人集团这样强大的企业，当年之所以会出现那么巨大的危机，就是因为选择了众多不相关的产业同时经营。

所以，谨慎选择不相关产业的多元化经营战略，是所有民营企业都应该把握的重要原则。

第3章

强化学习，破框成长

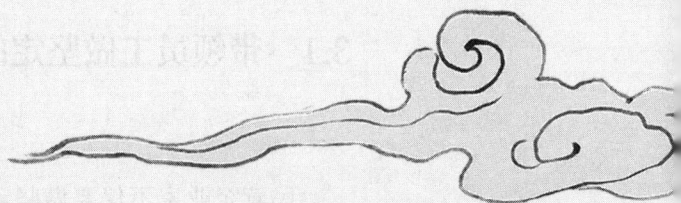

每一个人的进步都是多种力量交融的结果，但源于他自己的努力一定是其中最为主要的那一个。

如果一个人不努力，即便他是天才也不可能一直闪耀火花。

一个即便不是那么聪明的人，通过努力地学习也会成长和成功，因为学习可以给人知识，同时也可以提高人们的智慧水平，有了知识和智慧，人们就可以提升自我。

只有养成了爱学习的习惯，才有可能不断地进步。

只要养成了爱学习的习惯，就一定能不断地进步！

而且学习是最不需要看出身的一件事情，谁都可以学习，谁都可以借助学习而提升能力，然后去追求成功。

学习是一件最真实的事情，你要是糊弄它，它就会糊弄你；你要是真心地对待它，它就会真实地回报你，绝对不会藏私，也不会欺骗。

民营企业家们为什么要学习？因为民营企业家没有成功时要成长，成功了以后还要继续成长。而努力学习、提升自我，就能破框成长。

3.1 带领员工做坚定的终身学习者

民营企业家不仅要做坚定的终生学习者，而且还要营造条件，让全体员工也都坚定学习有用的理念，并常态化地进行学习。

只有这样，他才能带领自己的企业实现与时俱进式的发展。

有的人经营企业，达到十几个人的规模便止步不前了，走不动了，力有所不及了。

有的人管理企业，即便是几千人甚至数万人也不在话下，同样打理得井井有条。

为什么会有这种差距呢？

可不可以缩小这种差距呢？

差距产生的原因有很多。

而缩小差距的方法却只有一个。

——通过学习提升智慧水平，就可以缩小你与优秀者的距离。

——带领员工共同学习，你们一样可以成就伟大的企业。

人生最宝贵的是什么？

是时间。

作为民营企业家，你要好好地把握时间去学习，好好地使用时间去带领团队提升，好好地珍惜时间与大家一起成长。

然后你就可以不断地提升自我，提升智慧水平，提升各个方面的能力。

最后，你就可以获得你想要的成功。

好好地学习，好好地提升智慧水平，就可以让一个人或者一家企业不断取得进步，这样的例子比比皆是。

有时候我们似乎很难判断一个人是不是聪明。

但是，我们却可以很容易判断出一个人是不是前途光明。

不成功的人总是感觉成功很难。

善于学习的人总是感觉成功的路就在眼前。

所以说，学习还是不学习，就是判断个人能否成功、企业能否成长的一把尺子。

学习，然后提升认知；

学习，然后提升智慧；

学习，然后提升能力；

学习，然后提升行动力；

学习，然后就成功了。

聪明的人自己撞得头破血流总结经验，却未必成功。

智慧的人直接学习别人撞得头破血流的经验，然后还能轻易成功。

你说，学习好不好？

学习有很多种方式，向高手学习是其中之一。

"结交'贵人'，减少试错，打造团队。"

如此，更容易成功。

一个人只要走上了不断学习的道路，他就可以成为别人的老师。

当然，首先他可以成为自己的老师，并且获得独立学习的能力。

很多时候，你只要迈出那一步。

后续的道路就会变得很好走。

这样做的目的是什么？

在为将来更好的发展打下坚实的基础。

关于学习改变认知、智慧提升能力，最终改变业绩的例子，可以随时举出很多很多。

没有人是万能的，万能的是学习的力量。

没有人天生就会赚钱，学习可以给人以赚钱的能力。

没有人是天生的企业家，学习可以让人具备做企业家的资格。

有人在苦苦寻找成功的法门，却不知路就在脚下。

当你开始很认真地学习的时候，成功就开始向你招手了。

一个善于学习的人容易成功，一个经常组织学习的企业必然会得到发展。

无论到什么时候，智力都是社会进步的第一推动要素。

在中国古代，其实学习并不是一件很容易的事情，也不是所有的人都有资格学习。

于是，人们非常珍惜学习的机会。

而在现代，学习已经成为一种大众化的活动，已经成为全民都可以享有的权利。

无论是谁，只要想学，一切皆有可能。

但是，无论在学校里，还是在企业当中，却并不是所有的人都喜欢学习、都会学习，都能够坚持学习。

这在很多时候让家长、教育工作者和企业管理们者感觉很无奈。

学不可以已，然后才能有所成。

学习不可间断，然后才能学有所成。

这是一个必然的规律，没有例外。

可是，又有多少人能够坚持下去。

坚持下去本身就是一种良好的学习态度。

除了要有良好的学习态度以外，还要寻找最好的和最适合的学习方法，还要明确不同时期的学习对象，还要注重学习的效果。

如此学习，可以帮助人成功。

如此学习，可以让人过上更好的生活。

若论学习，或者教人如何学习，中国以至世界第一先师就是孔子，孔子不仅自己学习得好，而且还教出了众多会学习的学生，这些学生因为学习好而名扬天下。

他说："君子谋道不谋食。耕也，馁在其中矣；学也，禄在其中矣。君子忧道不忧贫。"

君子谋求道而不谋求衣食。耕田，却常会有饥饿；学习，则能得到俸禄。君子忧虑的是不能求得道，而不是忧虑贫困。

这是最为质朴的学习动机，也是最为现实的学习态度。

凭此，几千年间出了多少英雄人物。

个人谋道不谋食，企业不也应该如此吗？

在鑫光正公司的企业文化当中，对于学习是这样认知的：

"唯有持续不断地学习才是我们最核心的竞争力。

一学做人，二学技能，三学服务，四学管理。

日学、周学、月学，这是我们不断提升的法宝。

没有直接借鉴的办法，学习是唯一的途径。

让学习成为一种信仰，把学习进行到底！"

企业的进步没有直接借鉴的办法，而学习是唯一的途径，这一点尤其适用于中小民营企业家。

通过学习，民营企业家不仅可以获得管理企业的知识与智慧，而且还可以敏锐地感知外部环境的变化，从而带领自己的企业不断地破框成长。

我们是一家一直在倡导学习的企业，在鑫光正公司，学习已经成为一种习惯。在二十多年的学习过程当中，公司高层每年会拿出 20% 的时间走出去，走入教室，走入优秀的企业，甚至走出国门去学习。

我们认为，民营企业家必须以自己的行动证明学习的重要性。

民营企业家有必要把在外面所学的内容带回企业与员工们分享，以帮助所有员工提升他们的个人竞争力。

只有员工们都提升了个人竞争力，才能开发出好产品，才能维护好客户关系，才能知不足而求进步。

我们认为：

工作当中的人其学习内容与在校的学生不同，他们不是以学习知识为主，而是以学习技能、价值观、服务的方法、管理的经验、市场的判断、战略的定位、其他企业的成功之道等为主。

其中，学习如何做人是排在第一位的。

如果做人没学习明白，那么这样的员工将无法进入企业精英行列，已经进入企业的也要及早将之淘汰。

第二要学习的是技能。

决策者学习决策的技能，领导者学习领导的技能，管理者学习管理的技能，市场工作人员学习市场开拓的技能，车间的工人学习操作的技能，行政部门学习服务的技能。

无论是哪个级别的管理者，也无论是从事什么工作的员工，都必须学习技能，不学习技能，只学习理念、理论和思想，那么这个人就会飘浮在空中，落不了地。

落不了地的思想、理念、信仰都是空中楼阁，只可以供人看一看而已，没有什么实实在在的用处。

第三是学习服务，包括学习服务的意识，学习服务的方法，学习服务的技巧，学习服务的价值所在，等等。

关于服务的学习，在我们鑫光正公司不仅是对后勤和行政部门的要求，而且也是对所有管理部门的要求，服务无处不在，助人就是助己。

第四是学习管理。

我们知道，没有人天生就会管理，学习了管理专业知识的人如果缺少实战经验也未必能够管理好别人。从某种意义上说，学习管理是在服务意识引导下的个人提升，学习服务是为了更好地帮助和管理他人，这两者之间相辅相成。

向谁学习，是学习的一个重要问题。

作为民营企业家，首先应该向其他优秀的企业家学习，这样可以让你少走很多弯路。

此外，还应该向书本学习，向老师学习，向社会学习，向实践学习，向竞争对手学习，向供应商学习，向股东学习，向合作伙伴学习，向顾客学习，这些都可以。

孔子都无常师，何况我辈企业家了。

好好学习，天天向上，这句话不是说说而已。

3.2 用传统文化为自己赋道

有的民营企业家说，我很勤奋，也很有智慧，所以我一定能成功。

可是，很多民营企业家一直很勤奋，但他的企业却并没有成功。

这是为什么？

原因很简单，勤奋也要精准，智慧也要用于正道。

所以说："企业家要精准地勤奋，而不要平庸地忙碌。"

喜欢传统文化或者了解传统文化的人都知道，人之做事，或者企业家经营企业，一定要首先占"道"，要走在正确的道路上才行。

道路走对了之后，才是选择方法的问题。

否则，道路走错了，方法再好又能有什么用呢。

战略是做正确的事情，战术是把事情做正确。

此处所说的"战略"等同于我们所说的"道"，即"先道后法"，无道无术。

方向（道）比方法（术）重要，选择"走什么路"比"如何走路"更重要。

而这就是企业经营的"道"。

是企业发展最重要的"道"。

在中国文化当中，"道"是一个非常重要的概念，它是世界的起源，也是做事情的起点。

"道为术之灵，术为道之体；以道驭术，以术得道"，这是中国人处世和做事情的高级智慧。

传了几千年，而且还会传承下去。

何为"道"？从简单的角度理解，它就是方向、理念、规律和原则。

何为"明道"？就是要把"道"中所包含的方向、理念、规律和原则这些东西找出来，以为自己所用，或者用于生活，或者用于经营管理企业，从而让自己或者自己的企业可以有智慧地迈进，而不是盲目地前行。

对于所有人来说，我们坚信："前途是光明的，道路是曲折的。"不管再曲折的道路，只要明了"道"，认定了方向，坚持走下去，就没有到达不了的目标。

对于所有公司而言，"明道"就是要明确自己的战略方向和产品定位，做到了这一点，就可以清楚地界定出自己企业发展的长远战略路线，如此就可以一直坚定地走下去，从而达成所愿。

对于人生而言，"明道"也可以理解为摆正自己的人生观和价值观，从而借此选准自己人生的命运曲线。

对于企业而言，"明道"也可以理解为建构系统化的企业文化，以全面回答企业要往哪个方向走，希望走多远，准备跟谁一起走，并且计划好应该如何走。

"道"最重要，并不代表"法"不重要。

方法其实也很重要。

这正如我们要去一个比较远的地方，有很多方法可以选择，是走着去，是跑着去，是骑着自行车去，是开着车去，还是坐高铁或者乘飞机去。

方法不同，效果大相径庭。

这是肯定的。

所以要好好地选择做事的方法。

"道"清楚了，"法"也有了，之后要做的事情就是选择技术和工具了。

孔子说："工欲善其事，必先利其器。"

说的就是这个道理。

比如我们要去一个地方，最快的方法是选择乘坐飞机。

可是选择乘坐飞机的前提是你要有飞机可以乘坐。

如果像古代那样没有飞机呢？

所以说，乘坐飞机是一种方法，而飞机本身是一种工具。

如果没有这种工具和技术存在，你的方法也就不成立了。

古人告诉我们，在"道""法""术""器"当中，最强的是"道"。

但"道"是否就是顶级的存在了呢？

不是，还有比"道"威力更大的存在，那就是"势"。

"势不可当""势如破竹"，这一定是很多人梦寐以求的状态。

"势"虽然很强大，但它也不是顶级的存在，还有比"势"能力更强的存在，那就是"心"。

曾子在其论著《大学》当中，描述"心"的作用是"欲修其身者，先正其心"，他说：

古之欲明明德于天下者，先治其国。

欲治其国者，先齐其家。

欲齐其家者，先修其身。

欲修其身者，先正其心。

欲正其心者，先诚其意。

欲诚其意者，先致其知。

致知在格物。

物格而后知至，知至而后意诚，意诚而后心正，心正而后身修，身修而后家齐，家齐而后国治，国治而后天下平。

所以，我们认为一个企业家的高级训练科目包括两个方面，即"修心"和"用势"。

基于这两个科目，还可以生发四个方向，那就是"道""法""术""器"。

哪一个最重要呢？

很显然，它们的排列顺序就代表了它们的重要程度。

但是，这并不代表其中哪一个因素你可以忽略不计。

事实上，你忽略了哪一个因素，都可能让你事倍功半，甚至是一事无成。

于是，由心而势、由势而道、由道而法、由法而器的企业变革就成功了。

很难吗？

你只要沿着正道逻辑去学习、去改变，"缺什么，补什么"，成功真的就会变得很容易。

请记住：永远不要用战术上的忙碌去弥补战略上的失败，永远不要颠倒了道与法的逻辑顺序。

学会用传统文化和先贤思想为我们赋道，则民营企业家们会走得更稳，修炼得更到位，所经营的企业也会更快、更好地发展，甚至可以成长为世界知名的大公司。

3.3　通过变革不断地提升自己

创新可以为企业插上腾飞的翅膀，变革可以让民营企业家们成长得更快。

墨守成规、因循守旧、故步自封，这些词汇形容的是那些不思改进或者不谋变革的人，这些人可能曾经成功过，也可能还没有成功。

如果不能与时俱进，曾经成功过的，成功就是曾经而已。

还没有成功的，成功或者已经离他远去。

如果一个人不想改变，谁也改变不了他。

即便你一时改变了他的行为，那也是迫于无奈，而不是发自内心的渴望。

如果不是发自内心地想去改变，当外在的压力失去时，他就会回到原点上。

这时，一切的努力就都变成了徒劳。

同理，如果你自己不想改变，谁也改变不了你。

而如果你想改变，并且真的改变了。

于是，世界因此就变了。

在这个快速变化的时代，只有可以快速变革的企业才能生存，只有懂得变革的民营企业家才能成长。

如果你认为自己已然很好，当然不用改变。

如果你还不够好，或者还希望更好一些，那么你就需要改变。

其实已然很好的，如果不思变革，这种很好的状态是否可以一直持续下去呢？

如果你认为你的企业经营已然很成功，也可以不用改变。

如果你的企业经营出现了问题，存在了卡点，你还不去改变，那么破产倒闭的命运你还能逃脱得了吗？

其实已然很成功的企业，谁又能够保证它可以一直成功呢，而唯有与时俱进地进行变革可以做到这一点。

所有的改变都不应该是盲目的，所以需要明确目标。

如何明确目标有很多方法。

可是首先你要有明确目标的决心。

目标明确了，就要立刻改变。

"用兵之害，犹豫最大；三军之灾，莫过狐疑。善战者，见利不失，遇时不疑，失利后时，反受其殃。"

就是这个道理。

如果不知道如何改变，就去学习。

民营企业家们学什么最管用？

可以学的东西真的是太多了。

但是，首先要学"基本功"，要修炼自己。

这是一个很朴素的道理。

如果练好了基本功，就可以慢慢地去参悟人生四个阶段：

不知道自己不知道——无知无畏境界；

知道自己不知道——闻鸡起舞境界；

知道自己知道——了然于胸境界；

不知道自己知道——随心所欲境界。

随心所欲不是为所欲为，而是一种通达。

当一个民营企业家真的通达了以后，才能肩负起更多的社会责任，才可以成为一名真正的企业家。

我们的目标就是成为真正的企业家。

所以，我们一定要加强自我修炼。

第4章

顺势而为，积极进取

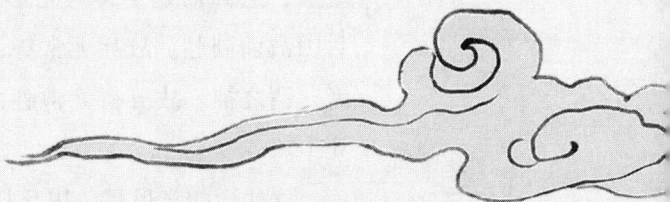

"识时务者为俊杰",这句话尤其适用于民营企业家群体。

一个民营企业家如果想要成功,只凭自己的努力是不够的,他还要学会如何去分析形势,还要学会如何带领自己的团队去利用形势,从而做到"顺势而为,积极进取"。

只有如此,才可以不断地获得成功。

4.1　利用形势,营造态势

《孙子兵法》作为一部伟大的战略学巨著,在其第五篇和第六篇当中分别研究了"形"与"势"两者对于组织管理与战略取胜的重要价值。

他的研究性结论对于民营企业家有着重大的启示,借鉴他的思想可知,我们经营企业不仅要学会利用形势,而且还要营造有利于我方发展的态势。

如此,则可战无不胜也。

在《孙子兵法》第六篇当中,孙子说:"夫兵形象水,水之形,避高而趋下,兵之形,避实而击虚。水因地而制流,兵因敌而制胜。故兵无常势,水无常形。能因敌变化而取胜者,谓之神。故五行无常胜,四时无常位,日有短长,月有死生。"

这些话的意思是:用兵打仗的形势变化就如同流水一样,而流水的特点是避开高处往低处流;用兵打仗的特性是避开敌人兵力集中的地方去攻击敌人兵力分散的地方。

水会根据地形的变化而决定自己的流向，军队也要根据敌人的变化而采取自己的策略从而战胜敌人。

所以军队没有固定不变的态势，水也没有固定不变的形态。

所以金、木、水、火、土五种物质间的相克关系不是固定不变的，春、夏、秋、冬在一年之内必然更替，白天有长有短，月光有明有暗。

这些话给予我们民营企业家的启示是：经营企业要善于分析形势，要善于寻找有利于企业发展的时机、行业、市场和客户，要尽量做好自己，避免与强大的对手直接竞争。

时代发生了改变，形势发生了变化，对手研发出了新的商业模式，我们的企业必须要因之而做出调整。

动态调整，是企业可以一直稳健经营的保障。

关上门自顾自地发展，企业将会失去活力和先机。

在《孙子兵法》第五篇当中，孙子说："故善动敌者，形之，敌必从之；予之，敌必取之。以利动之，以卒待之。故善战者，求之于势，不责于人，故能择人而任势。任势者，其战人也，如转木石。木石之性，安则静，危则动，方则止，圆则行。故善战人之势，如转圆石于千仞之山者，势也。"

这些话的意思是：能够调动敌人的将帅，善于制造虚象以迷惑敌人，而敌人必定跟从；给予敌人一点好处，敌人必定上当而暴露出空虚薄弱之处。

用小利调动敌人，然后以大军守候。

所以善于作战的，一定会营造有利于自己的势，而不只是一味地借助人力，这样就可以有选择性地使用人而重点借助势的力量。

善于借重势的人在指挥军队时就像转动木头和石头。

木头和石头的特点是平放它们就静止不动，倾斜着放它们就会滚动，方形的就静止，圆形的就转动。

而善于作战的将领所营造的势，就如同转动木石，让它们从八千尺的高山上滚下，这就是势的力量。

把势的思想引入现代企业经营，不仅要求企业能够顺势而为，而且要求企业能够造势而动。

多数情况下人们会把势理解为形势，形势是不会随着人的主观意愿发展的。

可是孙子所说之势，不只是形势，而且还包括自身应该打造的一种状态。

企业之势亦是如此，除了要适应外部形势外，自己还要做到有实力、有战略、有方法、有规划、有选择、有重点、有突破、有格局、有眼界。

如此，在机会来临的时候，才能够做到顺势而为、积极进取，不断地获得成功。

4.2　国家大势，势关重大

"势"是什么，它就是大的发展趋势。

这里所说的"大的发展趋势"不是指企业自身而言，而是就企业发展的外部环境而论。

在中国经营企业要看的外部之"势"很多，而其中最为重要的一个就是国家发展的大势。

在国家发展的大势当中蕴含着民营企业发展的大机会。

改革开放以后，中国出现了几个大的发展机遇，我们也可以称之为当时中国发展的大势。

在这些大势来临的时候，有人无动于衷，所以难有寸功。

有人凭借着敏锐的"嗅觉"，迅速抓住了机会，一跃而成为优秀的企业家，做成了杰出的公司。

首先让我们回顾一下这些突出的发展机遇，包括：

（1）第一个机会：个体户爆发期；

（2）第二个机会：炒股爆发期；

（3）第三个机会：房地产爆发期；

（4）第四个机会：互联网爆发期。

以上四个机会，给予诸多有志向、理想和干劲的人以大展身手的空间和平台，让他们尽情施展才华和魄力，并且成就了各自非常辉煌的业绩。

事实上，诸多优秀的民营企业家就是在以上四个大势当中成长起来的，他们充分把握住了国家发展的大势，利用如此机遇实现了个人的大成功。

对此，我们要好好学习，一方面要学习他们把握机会的能力，另一方面要学习他们能够借势发展的勇气。

前面已经出现了四个机会，那么第五个机会在哪里？

对于当下经营企业的人以及希望创业的人而言，第五个机会当然还是要从国家发展的大趋势当中寻找，要从国家发展的战略规划当中去分析。

每年的政府工作报告，每年的中央经济工作会议，以及每五年的国家发展战略规划，这些都是我们分析企业发展之势的好去处。

紧跟国家战略发展的节奏，就是我们民营企业发展的最大战略。

因为，国家大势，势关重大。

4.3 行业趋势，势关成败

鹅和天鹅在还是蛋的时候，就已经决定了未来。

产品或者项目，在你开始选择它们的时候，就已经注定了它们能够做得多大，可以走得多远。

战略是做正确的事情，战术是把事情做正确。

经营是做正确的事情，管理是把事情做正确。

如果战略选择错误，那么战术无论多么漂亮，又有什么用呢？

经营的事情如果没做好，管理做得再好，企业一样无法成功。

选择比努力更重要。

选择不对，努力白费。

这个道理很简单，但是却很管用。

记住这个道理的民营企业家们，勤奋的双脚一定要踏在正确的道路上，这样才有成功的可能。

其实，选择本身是一种顺势的过程。

顺势而为，才更容易成功。

顺谁的势，顺国家的势，顺行业的势，顺地方政府的势，顺时代的势，顺政策的势。

这都是大事。

前面已经分析过了迎国家的势的重要性，下面接着分析顺行业的势的价值，它必然是"势"关成败。

"顺行业的势"的基本要求，就是选择好产业方向，并在已经选择的产业当中明确自己的产品定位。

或者换成四个简单的问题：

第一，你要进入什么行业发展，这个行业如何；

第二，你要主攻哪些市场，这些市场当中的竞争对手在哪里；

第三，你要提供什么样的产品或服务，它们有什么与众不同；

第四，你的客户在哪里，他们为什么要选择你。

进入一个产业以后，如果你选择的是"天鹅蛋项目"，那么就要把基因做大，把项目做小，让项目可以实现裂变！

如果你选择的是"鹅蛋项目"，那么就要把项目做大，把基因做小，让资产不断增加！

民营企业家创业最大的成本是什么？

是选择的成本，以及决策失误造成的投资成本、时间成本和机会成本。

为了减少成本的付出，企业家们就要善于"顺行业的势"，尽量做正确的决策。

做不正确的决策就会有麻烦。

关于"顺势"和"选择"的问题，我们可以做一个比喻，这就好比是"打井"。

在"打井"时是位置重要还是深度重要？

当然是位置重要。

如果选择对了位置，很容易就可以打出水。

如果没有选择对位置，即便你有最好的打井机器，有最熟练的打井工人，结果又能如何？

做企业是这样，"选择比努力更重要"，顺"势"者才会更容易成功，找不到"势"的人或者压根就不考虑"势"的人只能默默无闻。

做人也是一样。

在人的一生当中，决定你未来命运的可能是一次选择。

正所谓：

"男怕入错行，女怕嫁错郎。"

选对伴侣，幸福一生；

选对行业，成就一生；

选对老师，智慧一生；

选对基因，富裕一生。

而作为企业呢，什么样的"蛋"是"天鹅蛋"？

什么地方有财富的"泉眼"？

你还真的要好好地去做一下研究。

在分析产业发展趋势的时候，除了要分析产业环境外，民营企业家们还要带领团队分析源自同行业的五种力量。

这五种力量就是供应商、客户、同行竞争者、潜在进入者和替代品竞争者。

为了更好地分析这五种力量对企业发展的影响，民营企业家们要带头掌握和熟练地运用一个模型，即"五力模型"。

学习这个模型只需要几个小时的时间，但它却是一种经典的行业分析方法，又叫"波特竞争结构分析模型"。

这个模型的提出者是哈佛大学著名的竞争战略管理大师波特先生，他所研究的这个方法主要用于分析决定行业竞争规模和竞争程度的五种力量，这五种力量就是前面提及的内容，不过波特先生将之称为供应者、产业竞争者、买方、潜在竞争者和替代品竞争者。

这五种力量以企业为中心可以分为"横向"和"纵向"两个层面的关系。

其中，"横向关系"反映我们企业所在产业的价值链生成过程，在这个方面的不同力量会在价格上进行博弈。

从供应商到产业内的企业，再到买方，是一条简单和清晰的产业发展链条。

在这一链条上，产业内的企业竞争者是关键节点，包括自身企业在内的各个企业之间的竞争可以体现在研发、生产、销售、宣传、管理和售后服务等诸多环节，其竞争的激烈程度决定了五种力量的变化。

"纵向关系"反映的是三种并列的力量，即在产业内发展的企业、可能进入这个行业的潜在竞争者，以及存在于这个行业或是其他行业的替代品或是互补品竞争者。

这三种力量在发展态势上往往是"此消彼长"的关系，相互关系的主要反映指标是彼此之间的"威胁水平"，由此也可以推断，它们之间竞争的可能要远大于合作的可能。

回头再看横向三种力量，它们之间的关系也是竞争的可能大于合作的可能，而合作的可能又会一直存在。

其可能引发冲突的主要角力点在于价格，因为按照简单的逻辑推算，价格减去成本以外是利润，当成本固定以后，价格被压低则代表利润会减少。

因此，这三种力量的比拼其关键之处便在于相互之间的"议价能力"。

其中，产业内的企业还要展现"两面"议价能力，即后向与供应者议价的能力及前向与买方的议价能力，其利润状况也主要取决于双向议价的水平。

关于这个模型的应用，我们在后文当中将展开论述。

它真的是一个很好用的产业发展分析工具。

有此工具相助，民营企业才能更好地顺行业的势去谋发展。

第5章

企业造势，练好内功

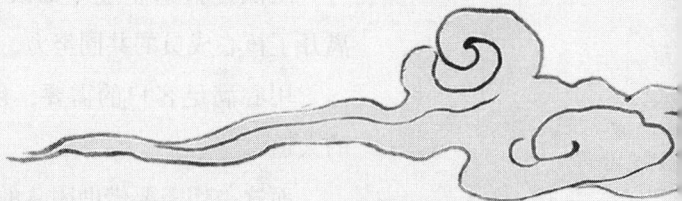

"迎国家的势""顺行业的势",如此以后,看似所有的"势"都符合了。

企业就一定能成功了吗?

答案当然是否定的。

国家的势要"迎",行业的势要"顺",除此之外,还有企业的势要"造"。

也就是说,民营企业家要成功,民营企业要成长,还需要打造内部的势能,还需要由企业家带领自己的团队练好三项基本功,还需要花大力气去研究三个事情,即产品(服务)、客户和团队。

当然,企业内部的管理比较复杂,是一个大系统,所涉及的因素远不限于这三个方面。

但是,这三者对于民营企业的成长而言,是最重要的因素。

产品(服务)是企业的生命线,是企业发展的根基,没有这个因素支撑,也就谈不上企业的发展。

客户则是企业追求成功的终极目标,只有稳定地获得客户的信任,企业才可以走得更远,发展得更好。

团队是打造企业生命线不可或缺的关键,离开了人才,离开了核心成员的共同努力,企业家将孤军奋战。

用心满足客户的需要,创造客户的需求,这是企业发展的大道。

而这一切需要借助团队的力量,并以产品的形式去实现。

选择什么样的产品,如何专业且专注地做好产品,这是民营企业家基础性修炼之一。

如何打造团队，如何使团队高效地运转且保持团结，这是民营企业家基础性修炼之二。

如何使客户满意，如何让产品为客户所接受且喜欢，这是民营企业家基础性修炼之三。

5.1 营销产品，延伸价值

过去两个企业家一见面，经常会问的一件事情是：

你是卖什么的？

这句看上去很简单的话，却反映了那个时代最为传统的产品概念。

靠差价赚钱。

可是靠差价赚钱的时代已经渐行渐远了。

现在的企业在多数情况下，你不知道它是卖什么的。

大家谈论更多的是商业模式，是互联网环境下的产品营销，是经营方式，是价值生态等。

所以，我们经营企业也要打破传统的产品观念，要创新营销模式，要延伸为客户创造价值的服务链条。

下面可以略举一例加以说明：

有家企业的老板开了一家书店，可是却不卖书。

书店不卖书，那做什么？

这是一家位于大学城内的书店，有趣的是企业老板不卖书只租书，租书还不要钱，但是每年却能净赚上百万元。

不卖书只免费租书要怎样才能净赚上百万元呢？

下面我们详细地分析一下他们的经营模式，从中感受不一样的产品理念和商业运作。

首先，书店里面的书是比较专业的书籍，其中绝大部分都是考研、考雅思、考托福、考公务员等必备的参考书目，同时还有一些考试必备的相关教材，以及一些往年考试的试卷。

这些都是免费出租的，绝对不要钱。

其次，由于书店完全免费租书，因此吸引了大量的学生来租书。手续很简单，每个人只需要交 50 元的押金，就可以一次拿走 3 本书。

如果书已还回来，那么就退回押金，在这一点上绝对不动什么歪脑筋，说退就退。

基于这样一种做法，再加上一定的宣传，于是租书、还书的活动搞得很热闹，也让很多学生不停地来到书店。

前面我们讲过，学生们所租的书都是很有针对性的，比如想考研的学生就会租考研的书，想考雅思的就会租考雅思的书，想考公务员的就会租考公务员的书。

学生把书带走，是要登记的。

企业老板通过系统登记学生租过的书，分别归类，然后便知道了学生们是为了什么而租书，便轻松且明确地掌握了他们的近期需求。

用现在时髦的话说，这是在获取流量。

来租书的学生当中，很大一部分人想上培训班。

因为这些种类的考试，只是自学并不够，还需要得到他人的引导和指点。

而这就是企业老板想要的机会，也是他能够赚钱的秘诀。

企业老板自己没有培训公司，于是他就找几家培训公司合作，双方议定介绍一个学生就给一定比例的抽成。

因为，学生经常到书店里免费租书。

所以，跟企业老板很熟悉，且比较信任他。

因此，企业老板给他们推荐培训班的时候，自然成交率就比较高。而且学生之间又会相互介绍，于是来报名的就更多了。

企业老板把免费租书作为驱动媒介，吸引了大量的学生。

然后又通过租书还书吸引学生反复地来到店里，从而建立信任。

最后通过杠杆借力，从培训公司那轻松地赚钱。

这就是高级的产品经营心态引导下的商业生态。

当然，不是所有的行业都适合这样做，可是这样做的思维方式却可以为所有行业的民营企业家思考与学习。

"经营产品是民营企业家的第一战略"，战略在哪里，企业家的时间、精力、资金就应该放在哪里，这叫作"抓住了重点，找准了主要矛盾"。

哪个民营企业家做到了这一点，他的企业就一定可以成功。

而且，可以持续地成功。

直至把一个小企业做成一个大企业。

让一个大企业可以做出大品牌。

谁忽视了这一点，谁就很难成功。

因为，忘记了初心。

就可能被市场所抛弃。

就不知道自己的生存之本在哪里。

就没有前途可言。

民营企业家们必须清楚地把握这一点：

做企业就是做产品，其他的都是辅助。

这是正道，也是王道。

不容商量。

可是，产品同质化严重。

产品的基本功能，你有我有他也有。

产品的成本构成差不多，所以"价格战"激烈。

对于很多企业而言，产品不降价没市场，产品降了价又没利润。

你说怎么办？

产品不好卖，还不是最大的问题，行业不景气，才最有可能让企业举步维艰。

对此，民营企业家们应该怎么想？

我们一定要牢记：

产品是 1，营销是 0。

产品本身是"道"，营销是"术"，好的营销一定要建立在好产品的基础上。

产品不好，只研究营销，那就很容易变成骗子。

什么样的产品是好产品，这是一个有争议的话题，而我们认为具备了"三感"的产品就是好产品，这"三感"是指"新鲜感""价值感"和"体验感"。

作为民营企业家，在经营产品的时候，头脑当中要始终保持一个认知，那就是要一直追求产品的新鲜感，"保鲜"是一个绝对的卖点。而不断地"推陈出新"是另外一个重大的卖点。

知道了这两个卖点，然后努力去做产品，就可以在市场当中立于不败之地。

作为一家企业，它所生产的产品或者提供的服务一定要有价值。

有无价值是判断产品好坏的唯一标准，其他的都是伪标准。

作为一家当代企业，应该满足当代人对于产品的要求，而在当代人的产品观念当中，体验感无疑是一种重要的认知。

所以，体验经济流行。

所以，可以给人提供体验感的产品大受欢迎。

以上"三感"就是我们经营产品时应该把握的重点和方向。

除了"三感"以外，还要把握两点：

第一，产品定位要精确。

所谓的"产品定位"，也可以理解为"客户定位"，即你想把产品卖给谁和不卖给谁，谁是你的客户，谁不是你的客户。

或者换个说法，你想赚谁的钱，什么钱你不想赚。

我们的认知是：

——要赚有财力人的钱。

——要挖掘中高端客户。

——要去帮那些想赚钱的人赚到钱。

这其中的逻辑是：

只有有财力的人才肯为好产品付出好价钱，才能有钱去买有价值且比较贵的东西。

他们肯付钱，企业才能赚到钱。

不是吗？

既然有财力的人是你产品的售卖对象，那么你就要仔细研究他们的特点、他们的需要、他们的诉求，要好好地为他们提供产品，要好好地为他们服务，等等。

这是术。

要努力。

如此做，就是在开发中高端客户。

只有中高端客户被开发出来了，你的产品才能具有一定的品位，才能成为品牌，才能卖出个好价钱，你的企业才能因此赚到更多的钱。

不赚钱的企业，或者赚不到多少钱的企业，它的存在还有什么意义？

一个人赚钱，或者一个企业赚钱，最终还是赚不到太多的钱，而如果很多的企业一起赚钱，就不一样了。

所以，我们要去变革营销模式，延伸价值创造，帮助那些想赚钱的人赚到钱。

然后，我们再从他们身上获利。

这是双赢或者多赢的事情。

我们开心，他们也乐意。

如此赚钱才是一种境界。

成就他人，成功自己。

第二，产品线要清晰。

同样是烤地瓜，为什么有人不赚钱，而有人一年四季生意爆棚？

赚到钱的人是因为它的产品线清晰，而赚不到钱的人可能都不知道产品线是什么。

产品线要清晰的意思是：

你要赚取哪一部分产品的钱以及如何把这个钱赚到手。

你要如何设计产品线才能让客户既乐于为你付钱，而且他们还能够从产品当中，或者从购买产品的过程当中获得最大的价值和最大的满足。

让客户价值最大化、满意度最高的营销才是最高级的售卖。

不考虑客户的价值，只知道吆喝，或者只想赚钱的人，他的售卖方式只能是低级的，而低级的往往就是无效的。

比如，很多企业为了赚一点钱，不在产品设计上下功夫，而只会在价格上与人家论长短。

可是，打"价格战"的企业，会有未来吗？

当然没有。

结果就是：要么形成垄断，而后被反垄断；要么打光了子弹，不赚钱还赔钱。

所以，不要去追求"价格战"。

那个太低级，也不可能长久使用。

不打"价格战"，就要打组合拳。

如何打好产品营销的"组合拳"？

首先，产品要好，要能"保鲜"，要有价值。

其次，产品要多元化，要形成产品系列，且产品结构非常清晰。

最后，要设计好每一款产品在销售过程当中应该承担的任务。

一定要牢记，不同款的产品在销售过程当中必须承担不一样的任务，否则你的产品就会变成通货，就没有差别，就很难创造出客户消费的"层次感"。

很多时候，产品不是直接拿来挣钱的，或者一部分产品是不用赚钱的。不为挣钱而出售的产品，它的作用是入口引流和"圈人"。而有了人气，有了人流，有了客户群体，你还用担心其他产品卖不出去吗？

多元化的产品设计，其存在的意义就是要拉长客户的消费曲线。这条线可以是"两极线"，可以是"三极线"，也可以是"多极线"。

无论是"两极线""三极线"还是"多极线"，这其中的产品功能是有不同分工的。有的产品负责引流，有的产品负责建立信任，有的产品负责稳定客户，有的产品负责赚取利润。

分工就是这么明确。

而且，一定不要让所有的产品都去赚取利润，千万不要那么贪心。

更不要因为你的贪心吓跑了客户。

那样你可就得不偿失了。

此外，你还要记住，有的产品不赚钱，是为了其他的产品更好地赚钱，这就是其中的逻辑。

综上所述可知：好的产品营销，就是好的产品线设计及其实现的过程。

5.2 整合人才，共同打拼

作为民营企业家，需要具备很多能力。

可是在这其中，民营企业家最值钱的能力是什么？

当然是整合人才的能力，是打造团队的能力，是聚合员工共同打拼的驱动能力。

所以可以说：小企业家经营事，大企业家经营人。

经营事的成不了大事，经营人的可能做成大事业。

这话有道理。

有时候，看一个民营企业家厉害不厉害，不是看他自己有多么厉害，而是要看他团队当中有多少厉害的人。

从某种意义上说，经营企业的核心就是经营人，就是打造优秀的团队。

所以说，民营企业家能够驾驭多少人才，此生就能干出多大的事业。

刘备虽然出身好，但是能力有限，可是这并不影响他做大事。

因为他身边有关羽、张飞、赵云和诸葛亮等很多的人才。

而且，这些人才还分属于不同的类型。

刘备的"创业"经历证明：

缺少了哪一种类型的人才，都不行。

有了关羽、张飞、赵云，他就不用亲自上战场杀敌，可是事业做不起来。

有了诸葛亮，他就不用亲自制定战略规划，不用去专门调配物资。

什么都不做，只要他在，就能赢。

因为什么？

因为团队。

因为他有一个很厉害的团队。

如何吸引人才，共同打拼，关于这一点可以向古人学习。

在《吕氏春秋》当中有一篇小短文叫作"功名"，它就很好地论述了这一点：

"由其道，功名之不可得逃，犹表之与影，若呼之与响。善钓者，出鱼乎十仞之下，饵香也；善弋者，下鸟乎百仞之上，弓良也；善为君者，蛮夷反舌殊俗异习皆服之，德厚也。水泉深则鱼鳖归之，树木盛则飞鸟归之，庶草茂则禽兽归之，人主贤则豪杰归之。故圣王不务归之者，而务其所以归。"

在这个小短文里面有四个关键点，掌握了这四个关键点，民营企业家就能整合高层次的人才，就可以打造出具有强大战斗力的团队。

（1）"饵香"论。

要吸引到高水平的人才，要组建稳定的员工队伍，企业必须为他们提供有价值的工作回报与发展机会。

员工为什么离职？

因为员工离职成本太低。

所以说，企业管理的核心是降低成本，而降低成本最有效的手段是涨工资！如此尊重人才、重视人才，给人才以希望成就自己的内在驱动力，企业才会形成"动车组"，才会开足马力。

不明白这个道理的民营企业家做不成大事。

那些只想着克扣员工收益的企业家迟早要坏事。

（2）"弓良"论。

无论是民营企业家，还是企业员工，要吸引彼此都应该自身具备价值，并且可以承担起各自应该担负的责任。

"打铁还需自身硬"，如果自己没有价值，就不要埋怨别人不给你机会。

（3）"德厚"论。

无论在古代，还是在今天，人格的力量都会对他人形成最具价值的吸引力。

为此，民营企业家们应该加强自我修炼，积极培养自己的人格力量；要不断加强自己的德行修养，并把"德望高"作为自己终生追求的目标。

（4）"圣王不务归之者，而务其所以归。"

把这句话换个说法就是，"只要种下梧桐树，就不怕没有金凤凰"。

只要企业有价值，能够创造价值，并且能够帮助员工实现他们的价值，就不怕吸引不到人才，更不怕员工会流失。

"企业不务归之者，而务其所以归"，如果一家公司建构了良好的企业文化，就一定能够广泛地吸纳人才；如果一家公司没有良好的企业文化，则不仅不能够吸引人才，还很有可能留不住现有的员工。

5.3 经营客户，共同进步

你的店里为什么不进人或者企业的产品为什么总是卖不出去？

你的客户为什么不重复消费？

这两个问题一定会经常困扰着民营企业家们。

店里不进人或者企业的产品总是卖不出去是你的营销模式有问题，好的营销模式可以解决客流量问题。

客户不重复消费，是因为你没有让客户从你这里赚到便宜，让客户赚便宜，让他与你共同进步，他才愿意不停地到你的店里消费。

请牢记一点：

没有忠诚度的不是员工，而是客户。

不要希望客户忠诚。

而要努力让他高兴。

如此管理客户，客户当然会喜欢你，而好的客户管理可以解决持续购买问题。

产品的价格与什么有关？

影响产品价格的因素很多，如果一定要从中找出最重要的一个，会是产品成本吗？

不是。

是什么？

是客户需求！

或者说是产品可以满足客户需求的最终价值决定了你的产品价格。

如何打造你公司的产品，才能让它快速涨价？

答案是打造产品的独特价值，让它与众不同。

这是知名战略管理大师迈克尔·波特的观点，也是我们坚持的一个信念。

产品、团队、客户三者之间是什么样的关系？

我们认为：

产品是1，营销是0。

产品是战略，而营销是策略。

产品好，其他的才有意义。

产品不好，其他的都是徒劳。

客户与员工，有时候没必要分得那么清楚。

可以把员工当成你的客户：

民营企业老板只有服务好员工，员工才能服务好客户，客户才能成就公司。

所以说，你的核心团队就是你的大客户。

也可以把客户当成你的员工：

锁定用户，精耕细作，与之合作，共同谋利。

对于很多民营企业家而言，这是一个最坏的时代，又是一个最好的时代。

在这样的一个时代里，做企业不要相信"车到山前必有路"，不要消极等待，因为那样等来的路也许是一条"不归路"。

相反地，做企业如果能够及时规划战略、调整方法、选对产品、建好团队，顺势而为地经营客户，或许就可以走上一条真正的"高速公路"！

方向在哪里，就在国家的势上，在行业的势中，在客户的需求里。

势在人为，民营企业家们只要肯努力学习，建立自己的发展认知，提升自己的管理智慧，就可以为企业找准发展的方向，而且会越走越远，直到走出一条康庄大道。

企业如何"转基因"造"势"？

首先要明确公司战略目标，给予企业一个清晰的战略定位，并整合一切可以促进企业发展的资源。

然后要熟悉和运用"道法术器"四个层次的能力，不断地提升自己服务客户和为客户持续创造价值的格局。

最后，要努力提升"基本功"，要不断地修炼自我，才不会"练武不练功，到老一场空"。

如此，机会来临时，有"功"才可"取"。

我们要始终坚信：

你变了，世界也许就变了。

第6章 *

不忘初心，大有作为

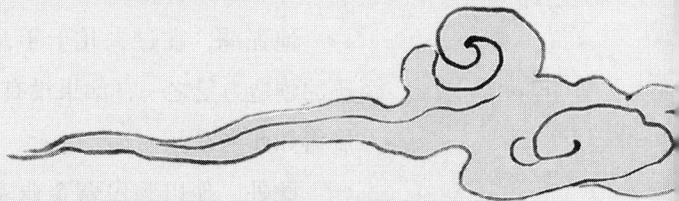

* 本章内容笔者根据相关资料整理。

民营企业家作为一个特殊的群体，社会上对他们有着比较高的要求，需要他们具有综合性的能力。

民营企业的发展既充满机遇也面临挑战，民营企业家应该如何自处？

关于这些方面的内容，我们访谈并整理了几个知名企业家的观点，以供大家参考和借鉴。

6.1　民营企业家与企业家精神

谈及俞敏洪，人们更多地不是称为俞总，而是习惯上称为俞老师。俞老师的很多思想对于我们民营企业家而言，有着非常正向的影响。

关于企业家精神，俞敏洪认为，企业家精神不是一个人的精神，不是一个群体的精神，而是一个国家整体上的改革开放的精神。

它是一个勇往直前的精神，一种创新精神，一种突破局限，不断努力去追求更高境界和更好发展的精神。

他强调，在过去几十年，企业家精神毫无疑问是中国奇迹的创造力量之一，如果没有这种力量，中国的经济也不会发展得如此之好。

此外，他以为民营企业家不断地实践和奋斗也在持续地丰富着企业家精神的内涵。

他认为企业家精神是改革开放的重要活力之一，企业家精神的核心就是不怕困难，不怕艰苦，不怕失败，勇往直前，寻找机会。

关于民营企业家，他还认为，改革开放以来，民营企业家不断丰富着企业家精神的内涵和意义，认为他们不仅是创新发展的探索者、组织者、引领者，而且还逐渐成为社会责任的号召者、践行者与承担者。他以为，民营企业家愿意和祖国共同奋斗，而在迈向第二个百年奋斗目标的新征程中，中国民营企业大有可为，同时也要积极迎接挑战、抓住机遇、谱写新篇。

在俞敏洪看来，只有多数民营企业实现了高质量发展，才能最终推动整个国民经济实现有质量和高效率的提升。而一个公平健康的竞争环境，是激发企业家精神的重要前提，更是实现高质量发展的根本保障。在新形势下，民营企业家要切实提高把握国际市场动向和需求特点的能力，如此才能临危不惧，实现更大的成功。

对于民营企业的发展而言，有几个要素至关重要，它们分别是企业愿景、企业使命、企业精神、明确可执行的目标、核心竞争力等。同时，对于民营企业家的自我发展，他也给出了六点具体建议：

（1）自我修炼，做到心地光明、正心诚意，做任何事无愧于心。

（2）做生意、与人打交道的时候，尽量能够做到宁可别人负我，我不负别人，吃亏是福。

（3）做的事情一定要有价值和意义，并且对社会有推动作用。

（4）任何名声和地位要以光明正大的方式获得。

（5）不管遇到多么好的事情，多么春风得意，不管是企业还是个人，要保持心平气和，心境恬淡、谦虚谨慎。

（6）遇到的人生困难、事业困难是对我们的考验，我们要有能力保持积极心态，让时间、耐心和努力解决我们的困难。

6.2　民营企业可以大有作为

　　万通集团董事长冯仑先生在谈及民营企业的发展时，认为民营企业真正要做的是"守本分，有期待"。

　　守本分很重要，守不住本分的民营企业家最终会吃大亏，而且如此吃亏咎由自取，怨不得别人。

　　冯仑先生这样说，我们也是这样想。

　　有期待可以从两个方面看。

　　其中，第一个方面是期待政府的"手"更加理性和温柔，期待政府的审批更简化，期待政府在公共服务方面发挥积极作用。

　　第二个方面是期待民营企业要放开胆子做点事情，腰杆稍微直起来一点。

　　关于民营企业的地位，他认为相较过去，民营企业的地位在今天已经有点过高，不是不高，是有点过高了。

　　关于民营企业家，冯仑认为，一个企业家要想走得远、走得持久、走得正、走得好，核心在于价值观引领和社会责任，否则企业家只是一个货币收藏家，意义不大。

　　他用数字形象地表达了企业家给企业带来效益的两个方面：一方面是加"0"，即经济效益；另一方面是需要不断琢磨的"1"，即社会效益。如果企业家只有"0"，再多"0"也只是货币收藏家而已，没有"1"，这些"0"的意义就不大。那么，如何去实现这个"1"？冯仑指出，在大时代与小时代，这个"1"完全不一样。在社会急剧变迁的大时代，企业家除了做企业，也应去做一些挽救国家民族危亡的大事，企业的效益就相对不是最重要的事。而小时代的企业家关注的都是企业内部最细致的管理、技术以及方法。

冯仑还曾提出关于民营企业的"三角模型"，即基因、环境、行为。一个企业和一个人一样，能不能活得久，取决于自己的基因和对环境所做出的反应。反应就是行为，因为基因不同，环境变化，企业的行为也会不同。

基因是什么呢？一个人的基因，首先是你的出身、家庭背景、学历、教育、价值观等，还有你对世界的基本看法。企业的基因类似，一部分跟创始人的个人特质有关，另一部分就是企业的使命、愿景、价值观。这些东西说起来有些虚无缥缈，看不见摸不着，但在你处理任何问题时都会体现出来，如果企业的使命、愿景、价值观不对，其他东西说得再好也无用。

而环境是指企业身处的整体社会环境。中国的改革开放已经进行了四十余年，民营企业所处的社会环境发生了巨大的变化。过去这四十余年，中国社会的发展变化基本上可以总结为三个共识。"三个共识"很简单：改革开放的第一个十年，我们的共识就是不干什么，抛弃阶级斗争，把重心回归到经济建设上来，至于怎么干，还不清楚；第二个十年的共识是商品经济，通俗地说就是做买卖，衣服鞋子都能拿来交易；到了第三个十年，形成的共识是市场经济，一切要素都可交易，比如土地、货币、劳动力、资源等。这三个社会共识非常清楚：不做什么、做什么、怎么做。

上面说的这些都是民营企业面临的生存环境，这些大环境最后都折射回来要求大家做行为选择。当然，如果这些环境不断发生变化，企业的行为也要相应有所调整，你要根据公司的定位和战略来找到适应环境的行为。一个企业要想健康存在，首先自己的基因里要包含着能"长寿"的那些因素——创始人的智力和心力，企业要有很正的使命、愿景、价值观。其次，我们要懂得外部环境，对外部环境经常要聊一聊、看一看，分析透彻。然后来决定我们的行为模式，对行为模式要不断校正。只有这样不时地从三个方面来检视我们的企业，企业才能够活得长久一点，不会出格乃至走歪路。

6.3　民营企业要大力提升自己的实力

全国政协委员、新希望集团董事长刘永好认为，民营企业的发展也有赖于我们广大的老百姓、各级政府官员和相关的金融机构方方面面的理解、认同和支持。

只有大家的理解、认同、支持，民营企业的发展才能更顺利。

民营企业和国有企业都是国家经济的重要建设者，需要联起手来，共同努力把我们的国家建设得更加繁荣昌盛，让人们的生活水准更高。

刘永好指出，当前民营企业发展面临的最大难题仍是信心不足。一方面，实体企业经过三年新冠疫情冲击，普遍处于发展低谷，虽然旅游、消费等行业已经率先出现了强烈复苏信号，但全行业恢复仍需要一个过程；另一方面，过去几年的民间投资下滑明显，企业看不清方向，有的持观望态度，选择"躺平"不投资或少投资。他表示，随着民营经济的发展，从规模、科技含量、国内国外形势错综复杂的格局等角度考量，对于民营企业的政策也需要进一步深化。

在他看来，随着疫情管控放开、经济重启，进一步提振民营企业发展信心对促进民营经济高质量发展具有重要意义。

"我的基本点是，民营企业要有信心，有责任，更要有担当"，刘永好说。

他认为，只要树立信心就有担当，只要有担当就会有未来。当前，民营企业要咬紧牙关、拥抱变革，把自己的产业做得更好更强，在解决就业、促进发展方面做更大贡献，加大力度提高企业竞争力，解决"卡脖子"问题，在自身成长壮大的同时，扬帆远航。

关于企业家精神，刘永好说，企业家精神就是敢想、敢干、敢拼，还要善于学习，善于用高科技来武装自己。另外，还要善于和市场衔接、沟通。市场需求变了，生产的产品和服务体系也跟着要变，组织体系也要变。因为组织体系要适应更大的规模，适应更强的管理，适应更加数字化、信息化的体系。

6.4 民营企业家要做到德与位相匹配

福耀玻璃集团创始人、董事长曹德旺指出，民营企业家的一个很大的问题是德不配位，"做企业家要理解中国文化""要有文化自信"。同时，曹德旺呼吁民营企业转型升级。

曹德旺指出，民营企业的资金困难问题确实存在。钱都在应收账款、其他应收款、其他投资、固定资产扩张项目上，没有现金。而影子银行、信托、基金、担保公司等风险较大。

"作为企业家，要理解中国的文化，就是要德配位。"对于陷入困境的民营企业家，曹德旺说道，"只有厚德才能载物。我想给民营企业家们提几点建议，企业家要学会自我检讨，不要一出问题就说门槛；要学会自救，用卖资产的钱解决资金问题，早卖比晚卖强，胜败乃兵家常事"。

曹德旺还总结了创业成功的几个条件：

第一，要有文化自信，企业家必须有信仰，也要能够把传统文化儒释道的精华用到企业经营管理中。

第二，必须具备所从事行业的专业经验。

第三，必须具备渊博知识以作支持。

第四，要有境界，有为民的愿景。

第五，必须具备市场经验。

同时，曹德旺还向国有企业负责人发出提醒，民营企业和国有企业唇亡齿寒。中小微企业是国民经济的基石，它们为国有企业提供服务，它们为国有企业解决产品进入千家万户的问题。

曹德旺还呼吁政府要积极为企业提供服务。比如，他多次呼吁政府提供破产企业救济，如果不允许破产，后面的后果不可想象，会导致社会问题。

他说："企业家的事业是风险事业，要鼓励他们继续努力奋斗，要从人格上尊重他们。"

自新冠疫情蔓延以来，曹德旺结合当下社会环境并指出，疫情给全球经济带来了严峻形势和考验，企业家们都表示做生意很难，特别是制造业受到了重创，人工工资上涨、原材料成本上涨、拉闸限电等因素，都严重地影响制造业，民营企业的发展都会面临严峻挑战，转型升级是民营企业的唯一出路。

曹德旺表示，制造业企业应该执行国家提出的战略，转型升级，寻求高质量发展。这个战略与改革开放是对标的。当初进行改革开放的时候，国家工业化的底子太薄了，如今，随着市场经济逐步壮大，民营企业必须要跟上国家的形势，坚持转型升级，实实在在为经济高质量发展做贡献，为国家的发展共同去努力奋斗。

6.5　民营企业要成为创新的中坚力量

珠海格力电器股份有限公司（以下简称"格力电器"）董事长兼总裁董明珠作为中国自主创新的大力倡导者，针对民营企业的发展指出，要支持和鼓励创新型企业的发展，并提出鼓励企业自主创新，加强知识产权保护。

董明珠提出，国家应加大鼓励和支持企业"自主创新"的力度。中国制造与发达国家相比存在着大而不强的问题，大多数制造业整体素质和竞争力不强，还处于价值链的中低端。此外，自国际金融危机发生以来，欧美日等发达国家出现了逆全球化和国际贸易保护主义的趋势，纷纷加大了对本国制造业的支持力度，致使我国制造业面临着"高端回流"发达国家，"低端分流"发展中国家的"双重竞争"。

董明珠建议国家制定的产业政策要向自主创新型企业倾斜，要支持和鼓励创新型企业的发展。第一，推动实施"市场管理"的模式，减少或停止对终端需求的财政补贴。第二，财政补贴要运用于公共民生和基础设施建设。第三，加强知识产权保护，提高执法效率，加大对违法事件的处罚力度。第四，在出口退税方面，对自主品牌给予更多优惠，以扶持自主品牌出口。

同时，在保护企业自主创新积极性方面，董明珠表示：一是要营造公平的环境，让创新企业更有信心；二是希望加大对侵权、恶意诉讼的打击力度，才会激励更多企业敢于创新、善于创新，让老百姓享受到创新的福利。

作为头部企业的领导者，董明珠表示要帮助中小企业，为它们注入强大的信心和活力。格力电器有很多配套的中小企业，对它们而言，最重要的是找到自己的出路，哪怕是做一个小零件，能够做到让世界各地都来购买也是成功的。民营企业要做的是传承，中国需要品牌，但品牌是需要品质和技术提升的，企业的生命力在于不断创新，只有掌握关键核心部件，才有话语权，才能打造好品牌。在这个过程中，头部企业为中小企业提供资助，可以帮助它们提高品控、工作效率、增加自动化设备等。

无论为企业做模具还是帮助它们升级改造装备，让更多中小企业避免或者少走弯路，董明珠认为一是要有信念，二是要执著，三是一定要想清楚该做什么、能做什么以及如何做。企业所有的行为要对用户负责，坚守这个信念，别人才会接受你，企业才可能生存下去。

第7章

战略分析，统筹规划

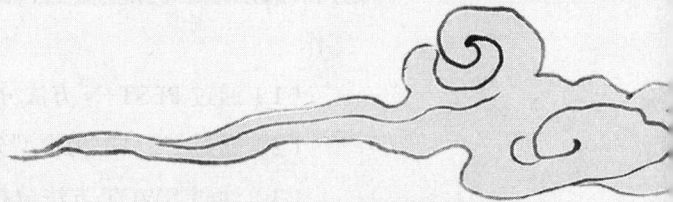

接下来的 5 章，我们将分别讨论民营企业管理过程当中的五个重要管理类别，它们分别是企业战略管理、企业品牌管理、企业文化管理、企业绩效管理和企业团队管理。

这五个类别都需要民营企业家亲自参与。

这一章讨论的是企业战略管理。

在《孙子兵法》第三篇之"谋攻篇"当中，孙子讲了一句至理名言，"知己知彼，百战不殆；知己不知彼，一胜一负；不知己不知彼，每战必殆"。

这句话可以非常精准地表述战略分析工作于现代企业管理的重要性。

同时，它也是对民营企业家提出的一个明确要求，即作为企业的最高领导，民营企业家们必须具备战略分析和统筹规划的能力，这是决定企业发展能否可持续成功的不可或缺的前提。

如果企业不做这种战略性的分析，则不可能"顺势""取势"和"造势"，就不可能长远的发展。

为了确保企业既"知己"又"知彼"，还熟知"环境变化"的趋势及其影响，民营企业家们应该在公司内部成立战略分析小组或是专家委员会，由他们负责做好如下四个方面的工作：

（1）通过 PEST+N 方法分析企业发展的宏观环境；

（2）通过"5+1"力模型分析企业发展的产业环境；

（3）通过 SWOT 方法分析企业自身所具备的优势、劣势以及在环境中面临的挑战和机遇；

（4）在以上分析的基础上，确定企业发展的战略类型。

7.1 全面分析大环境

大环境分析也叫宏观环境分析，它经常使用的方法是 PEST+N 分析法。

作为民营企业家，不能只讲道而不懂法，必要的方法尤其是涉及战略分析与统筹规划方面的方法与工具，民营企业家们还是应该了解或熟悉的。

对于民营企业而言，战略的事情本身就是企业家的事情，它是不可以推给下属去做的。

什么是 PEST+N 分析法？它是企业外部环境战略分析的基本工具，由四个英语单词合成，代表着宏观环境分析的四个维度。

借助这个方法分析企业发展的外部大势，民营企业才能找到融入环境发展的方向。

其中：P 是政治，英语是 political；

E 是经济，英语是 economic；

S 是社会，英语是 social；

T 是技术，英语是 technological。

如果再加上针对互联网的应用，这一方法就变成了 PEST+N 分析法，即加上"N"这一"Net"因素。

"PEST+N 分析法"的主要作用是帮助企业了解和掌握外部环境，准确找到企业融入环境的路径与方向，并充分利用政治（包含政策和法律）、经济、社会文化、技术和互联网五大领域环境因素的积极影响，构建最有利于自身发展的战略框架和运作模式，以帮助企业更好地参与产业竞争。

（1）政治法律因素。

企业发展与一国甚至世界范围内的政治变化或是法律变化密切相关。

当世界范围内出现重大的事件，如俄罗斯与乌克兰冲突；政府对企业所在行业的态度发生变化，如国家看待房地产的立场以及相关的对策调整；或当政府发布了对企业所在行业具有明显约束力的法律和法规，如国家开始特别强调环境保护等，在这些情况下，企业的经营战略和运行策略必须因之做出调整。

为了更好地营造企业发展环境，熟悉企业所在环境的变化规律，民营企业家们必须带领其高层团队仔细研究国际政治经济格局的变化、国家的长远战略规划、政府运用的经济杠杆和政策以及周边环境和国际环境等。

要深入分析政治法律的要素包括但不限于：

国际政治环境的变化及相关国家的政局稳定性；相关国家的产业和贸易保护政策；政府对相关产业的关注度与影响力；各国政府包括本国政府对于进出口的限制和政府管制措施；国家的外交状况与国际地位的变化；政府财政支出；政府采购规模和政策；财政与货币政策；产业政策；具体的法律如环境保护法、专利法、税法、劳动保护法、公司法、合同法以及政府其他方面的政策和法规等。

（2）经济因素。

经济因素是影响民营企业运行的最直接因素，企业规模无论大小，都要从国内与国际两个方面对此进行分析。

其中，国内经济要素及其变化趋势是分析的重点，民营企业家们要重点分析国家的经济结构与产业布局、资源和能源的分布及其利用状况、经济发展水平及其走势等。对于当下之中国企业，必须要研究经济新常态对企业的影响。

构成经济环境分析的关键要素包括经济周期、经济形态、国民经济发展速度、通货膨胀程度及趋势、货币供给量、贷款的难易程度、利率、税率、汇率、居民可支配收入水平、消费模式、地区之间的收入和消费习惯差别、劳动生产率水平、就业率与失业率、工资水平、物价水平、生活水平，以及能源供给成本、市场机制的完善程度、市场需求状况等。

此外，经济全球化还带来了国家之间经济上的相互依赖性，企业在各种战略的决策过程中还需要有选择地关注、搜索、监测、预测和评估本国以外其他国家的经济发展状况。

要重点关注诸如石油价格的波动、美元币值的上下浮动、各国之间对于贸易保护的态度，以及潜在的地区冲突、大国之间的角力、可能或已经发生的局部战争等。

（3）社会文化因素。

社会文化因素涉及的领域比较广泛，企业经营应该考虑所在社会的民族特征、文化传统、价值观念、宗教信仰、教育水平以及风俗习惯等因素。

具体要分析的社会文化因素包括所在国或所在地区的人口规模、年龄结构、劳动力水平、人口教育程度、地域文化、民族文化、价值观念、消费倾向、风俗习惯，以及企业业务涉及地区的地理、气候、资源、生态等环境。

此外，还要注意分析企业或行业的特殊利益集团、民众对退休的态度、社会责任感、对经商的态度、对售后服务的态度、生活方式、公众道德观念、收入差距、购买习惯、对休闲的态度，等等。

（4）技术因素。

技术因素是影响企业大变革的重要因素，它往往决定了经济发展的重大变化走向。

对于技术因素的分析除了关注国内技术的进步和国际技术的变化以外，还要再分作两个层面进行：

①关注整个社会的技术发展趋势和国家对于科技进步的扶持政策；

②重点分析企业所在行业的技术发展状况及其走向。

其中，前者要分析的要素包括政府对研究开发的投入、政府和行业对技术的重视、专利保护情况，等等。

后者要分析与企业生产有关的新技术、新工艺、新材料的出现和发展趋势以及应用前景，企业研究开发、技术传播的速度、新材料、新设备、引进国外技术，等等。

（5）互联网因素。

"网络是一个执行力最为迅速的平台"，为了用好这个平台，把握"不可多得"的发展机会，需要企业家们重点分析以下几个方面：

①互联网技术的最新动态，是否可以从中寻找商机；

②互联网企业的创新走向，是否可以与之合作，以实现"互联网＋"的共赢发展；

③互联网应用引发的商业模式创新，是否可以有效对接企业的现行发展模式，或是由之对企业的发展模式进行改造；

④互联网作为交易平台可为企业提供的发展支撑有没有变化，在哪些方面可以找到类似的支持节点；

⑤互联网及互联网公司对于公众生活的影响和改变，这种影响和改变适用于哪些产业和领域，企业是否可以利用这种影响和改变以寻求新的突破。

为了帮助企业实质性地挑选出相关性最强的因素，下面介绍两种方法，其一是"代入排除法"，其二是"专家精选法"。

在这两种方法当中，前一种比较强调定量分析，后一种比较强调定性分析；前一种方法所花费的时间较长，需要动用的人力也较多；而后一种方法花费的时间较短，需要动用的人力虽少但对人员的素质却有很高要求。

（1）代入排除法。

代入排除法的工作大体上可以分为三个阶段，其中后两个阶段又可以各分成六步走：

第一阶段，由民营企业家发起并组建企业战略分析小组或是召开专家评议会。

第二阶段，与会人员共同排选五大类因素的影响程度及细分影响因素的数量，这一阶段工作分作六步进行，具体做法是将以上影响企业发展的政治法律因素、经济因素、社会文化因素、技术因素、互联网因素中的细分因素分别代入固定句式中做初步的分析，然后据此分类统计出可以影响自家企业战略发展的五大类因素的数量及其明细：

第一步，政治法律因素中的（　　　）因素对我们的企业发展有没有影响，影响的程度是（　　　）。

……

政治法律因素中共有（　　　）个因素对我们的企业发展有较大的影响，它们分别是（　　　）、（　　　）、（　　　）……

第二步，经济因素中的（　　　）因素对我们的企业发展有没有影响，影响的程度是（　　　）。

……

经济因素中共有（　　　）个因素对我们的企业发展有较大的影响，它们分别是（　　　）、（　　　）、（　　　）……

第三步，社会文化因素中的（　　　）因素对我们的企业发展有没有影响，影响的程度是（　　　）。

……

社会文化因素中共有（　　　）个因素对我们的企业发展有较大的影响，它们分别是（　　　）、（　　　）、（　　　）……

第四步，技术因素中的（　　　）因素对我们的企业发展有没有影响，影响的程度是（　　　）。

……

技术因素中共有（　　　）个因素对我们的企业发展有较大的影响，它们分别是（　　　）、（　　　）、（　　　）……

第五步，互联网的发展中的（　　　）方面对我们的企业发展有没有影响，影响的程度是（　　　　）。

……

互联网的发展中共有（　　　　）个方面对我们的企业发展有较大的影响，它们分别是（　　　　）、（　　　　）、（　　　　）……

第六步，汇总以上五大类因素分析的结果，制成两级指标体系，形成直观的分析图表。

第三阶段，由企业战略分析小组或是专家评议会根据第二阶段排选出来的五大类因素及其细分的影响因素结果，再分成六步做深度的解析，解析的内容包括：

①这些因素对于企业的发展会产生什么样的影响；

②这些因素如何产生影响；

③如何利用这些因素的不同影响；

④如何规避这些因素的不利影响；

⑤各类影响因素之间是一种什么样的关系；

⑥基于以上深度分析的结论，最终要形成五个子报告和一个总体宏观环境分析报告。

（2）专家精选分析法。

"专家精选分析法"相较于"代入排除法"会简单一些，也更定性一些，但对于参与评议的专家的要求会高一些。

使用这种方法，民营企业一定要确保邀请到的专家的水平较高，他们的水平越高，则所形成的结论越准确。

具体做法可以分成五步：

第一步，由民营企业家出面邀请行业内的精英人士、相关领域的高水平学者、政府或是行业管理的官员、相关产业协会的负责人、极富管理经验的企业领导组成专家评议小组。

第二步，在小组评议开始之前，先由企业领导向他们深度介绍企业的情况、面临的困难、已有的实力和未来的打算。

第三步，基于情况介绍，评议小组的成员们借助他们对于行业的了解，对于战略的理解，对于政策的把握，以及各自的管理经验，对企业可能受到的五大类环境因素的影响分别做出评议。

第四步，评议小组经过讨论以后形成综合评价，并最终给出决定企业未来走向的全面发展建议。

第五步，企业高层管理人员针对专家给出的建议进行分析，然后制定落实的对策。

7.2 精准分析小环境

小环境分析又叫作产业环境分析。

产业环境是对企业影响更为直接的环境要素，所以民营企业家必须要对此做出敏捷的反应，并亲自组织力量进行研究。

基于 5 力模型可知，产业盈利的能力不是或不主要是由产品的外观或该产品所包含的技术高低决定的，而是由产业竞争结构所决定的。

企业想要使自己具有竞争优势，必须使自己所处的竞争结构是有利的，即面对的五种竞争压力相对小而且比较平衡。

要做到这一点，民营企业可以通过商业模式创新、技术创新、管理创新、营销创新以及利用市场结构差异等，着力去改善竞争结构，以谋求别人无可替代的竞争优势。

"5+1" 力模型就是在原有五种力量的基础上，再加一种力量，即外部发展平台的力量。

外部发展平台是基于互联网及移动互联网的快速发展和全面应用而逐渐形成的一种新生且不可忽视的力量。

发挥这一力量的平台型企业，本身并不生产什么产品，也不提供直接的服务，它们只是为生产厂家或是服务企业与购买者提供一种平台、中介和桥梁。

借助互联网的强影响力和广影响度，平台公司可以使其涉足行业的产品和服务的流通省去大量的中间环节，使得销售更容易，购买更便捷，各方成本大大降低，销售总量大大提高，购买数量大大增加，平台企业也会因此大大获利，快速成功。

"5+1"力模型是战略分析的有效工具，它围绕竞争结构展开讨论，是企业战略管理的重要内容。

通过对供应商、买方、产业内的竞争者、潜在进入者、替代品以及平台公司这六种力量的分析，可以明确企业在产业中的发展定位，找到企业的盈利区间，并帮助企业确定发展的重点。

民营企业家可以在公司内部成立战略发展分析小组或是召开专家评议委员会，按照先横向后纵向的顺序，依次对这六种力量进行分析。

（1）供应者的讨价还价能力分析。

供应者作为上游企业，从某种程度上决定着一个行业内企业的发展速度与利润空间，它们的议价能力反向决定着企业的发展规模与获利水平。

所以，在行业内发展的企业应该本着"知己"更"知彼"的指导思想，全面深入地分析所有供应者以及可能的供应者的讨价还价能力以及其供应品的特色，以争取更有利于自己企业发展的供应要素的价格，从而可以更加有利地参与本行业内企业之间的竞争。

供应者的讨价还价能力一般会受如下一些因素的影响，包括但不限于：供应商及本行业的集中程度、本行业与供应者的相对重要程度、供应品的特色、转换成本、供应品的可替代程度、供应者前向一体化的可能性和本行业后向一体化的可能性、供需双方的信息掌握程度，等等。

通常而言，供应者的议价能力与供应者的数量成反比关系，与企业买方的数量成正比关系。也就是说，如果供应者很多，企业可以反向选择供应商时，供应商的议价能力就低；反之，如果供应商很少，企业没有更多的选择供应商的机会时，供应商的议价能力就高。如果企业买方的数量很少，供应者可选择供应的对象很少而供应者又很多时，则其议价能力就低；如果企业买方的数量很多，供应者可以随意选择供应对象时，则其议价能力就高。

供应者所供应的要素于企业生产的重要程度与供应商的议价能力成正比关系。如果供应者所供应的要素是企业生产过程中所必需的重要要素或是不可缺少的要素，供应者的议价能力就高；反之如果供应者所供应的要素不是企业非常看重的要素，或是极易用替代品将其代替的要素，则供应者的议价能力就低。

供应品特色与供应者的议价能力成正比关系，如果供应者所提供的要素是独一无二的，或是品质优良的，其议价能力就高；反之，供应者供应的要素没有特色，品质又不是非常突出时，则其议价能力就低。

供应品的可替代程度与其议价能力成反比关系，如果可替代程度很高，则其议价能力就低；反之，如果其供应要素无可替代或是很难替代时，则其议价能力就高。

企业转换成本正向决定着供应者的议价能力，如果企业的转换成本很高，则供应者的议价能力也相应提高；如果企业的转换成本很低，则供应者的议价能力也低。

如果供应者能够很方便地实行前向联合或一体化，而买主难以进行后向联合或一体化，则其议价能力就高；反之，如果供应者很难进行前向联合或是一体化，而企业买方很容易进行后向联合或是一体化，则其议价能力就低。

供需双方的信息掌握程度与其所具备的议价能力成正比关系，谁掌握的信息多，谁在议价的过程中就会越主动。

（2）用户（顾客）讨价还价能力分析。

如果供应品要素的价格影响了企业产品的成本，那么用户的议价能力就影响了企业产品的利润水平。这里的用户包括产品消费者和产业链中的下游企业两种类型。

为了确保企业有较高的利润收入，就要认真研究用户的讨价还价能力，然后再根据他们的议价能力采取相应的对策。

一般情况下，用户的议价能力受如下因素的影响，包括但不限于：用户集中程度、本行业产品的标准化程度、本行业产品对用户产品质量的影响程度、本行业产品占用户成本的比重、用户转换成本、卖方行业企业的数量与企业的规模、用户后向一体化的可能性、本行业前向一体化的可能性、用户掌握的信息，等等。

如果购买者的总数很多，而每一个购买者的购买量较少，则其议价能力就低；反之，如果购买者的总数较少，而每个购买者的购买量又很大，占了卖方销售量的很大比例，这时其议价能力就高。

如果本行业的产品标准化程度很高，购买者可以同时向多个卖方购买产品，则其议价能力就高；反之，如果本行业的产品标准化程度不高，购买者的需求多元，则其议价能力相对就低。

本行业产品对用户产品质量的影响程度与用户议价能力成反比关系，如果本行业产品直接影响或是对用户产品质量的影响程度很大，则用户的议价能力就低；反之，如果本行业产品对用户产品质量的影响程度很小，则用户的议价能力就高。

本行业产品占用户成本的比重与其议价能力也成反比关系，如果占其比重很大，则其议价能力就低；反之就高。

用户转换成本与其议价能力也成反比关系，如果其转换成本高，则其议价能力就低；反之，如果其转换成本很低，则其议价能力就高。

卖方行业企业的数量与企业的规模也影响着用户的议价能力，如果这个行业是由大量相对来说规模较小的企业所组成，则用户的议价能力就高；反之，如果这个行业的企业数量较少，企业的规模很大，则用户的议价能力就低；如果这个行业只存在几个有极强影响力的企业，则用户几乎没有什么议价能力，而这些企业之间或可形成价格同盟。

购买者后向一体化与卖主的前向一体化程度也影响着用户的议价能力，如果购买者后向一体化比较容易，而卖主前向一体化比较困难，则用户的议价能力就高；反之，如果购买者无力实现后向一体化，而卖主不容易做到前向一体化，则用户的议价能力就低。

用户掌握的信息越多，则其议价能力越高，反之则低。

（3）行业现有企业间的竞争分析。

行业内的企业之间可以竞争，也可以合作，但竞争是主要态势，即便有合作也是为了更好地参与竞争，以便在既定的市场中占有较大的份额，获得有利的竞争地位。不过，有的行业竞争激烈，有的行业竞争比较温和，而竞争程度的激烈与否取决于众多的因素，主要包括但不限于：竞争者数量、市场规模、行业市场增长率、强有力竞争者的出现、产品差异化程度、用户转换费用、退出障碍，等等。

通常情况下，如果行业进入障碍较低，势均力敌的竞争对手较多，竞争参与者的范围广泛，则竞争的激烈程度会高，既有企业受到的威胁也大。

如果行业规模很大，市场增长很快，发展潜力很足，发展平台很宽广，企业之间竞争的激烈程度会低。相反，如果市场趋于成熟，产品需求增长缓慢，发展潜力逐渐不足，竞争的激烈程度会高。

如果行业外部实力强大的公司在收购了行业中实力薄弱企业后，会发起进攻性行动，这会让众多的既有企业感觉"不寒而栗"，结果使得刚被收购的企业成为市场的主要竞争者，从而改变竞争格局，同步会加剧竞争的激烈程度。

如果产品的差异化程度较高，用户转换成本也很高以至"不敢越雷池一步"，竞争的激烈程度会低；相反，如果竞争者提供几乎相同的产品或服务，用户的转换成本也很低，竞争者企图采用降价等手段促销，竞争的激烈程度会猛然加剧，"万马奔腾""乱军混战"，有时会逼迫众多的企业展开"价格大战"。

对于很多企业而言，资产的专用性、退出的固定费用、战略上的相互牵制、情绪上的难以接受、政府和社会的各种限制等会使得企业很难退出某个行业。在这种情况下，当企业退出障碍较高，即退出竞争要比继续参与竞争代价更高时，竞争的激烈程度也会升高。

（4）潜在进入者分析。

潜在进入者虽然威胁的是整个行业中的企业，但是对于要创业的企业，或是在某个行业当中并没有重大影响地位的企业而言，其影响是具体的，也可能是深远的，所以必须加以分析。

即便是在某一个行业当中已经做得非常成功的企业，也要时刻注意对潜在进入者的分析，如果这样的企业不能"居安思危"，对于当下的一点成就"乐此不疲""乐不可支"，则有可能发生"乐极生悲"的现象，在不经意间便被潜在的进入者"长驱直入"，挤出成功的行列，占去了得之不易的市场份额。

对潜在进入者进行分析的因素包括但不限于：规模经济、产品差异、资金需求、转换成本、销售渠道、资源供应、经营特色、其他成本因素、政府政策，等等。如果对这些因素进行分类，可以分成两个大类，即进入新领域的障碍大小与预期现有企业对于进入者的反应情况。

其中，进入障碍主要包括规模经济、产品差异、资金需求、转换成本、销售渠道开拓、政府行为与政策、自然资源、地理环境等方面，这其中有些障碍是很难借助复制或仿造的方式来突破的。

如果要进入的行业对企业规模的要求很高，或是行业内的企业多数是规模很大的企业，则后进入企业要进入这个行业会非常困难，行业内既存的企业受到新进入企业挑战的可能性和威胁会很低；相反，如果这个行业对于企业的规模没有什么要求，或是行业内的企业也没有被几个规模较大的企业控制，后发企业要进入这个行业就会比较容易，行业内既存的企业受到后发企业挑战的可能性和威胁就会很高。

既有行业所生产的产品差异性小，或是行业内既存的企业没有开发出更具差异性的产品时，发后企业新进入这个行业就会比较容易，既存企业可能会随时受到后发企业的竞争威胁，或被"取而代之"；相反，如果一个行业所生产的产品差异性很高，或是行业内的企业多数采用了差异化战略，所生产的产品都极具个性，后发企业进入这个行业的难度会很大，既存企业受到挑战的可能性会很小。

如果一个行业的企业无论其成立还是发展都需要大量资金，会自然形成进入壁垒；相反，如果进入这个行业所需资金不多，则会有很多企业尝试进入，从而会不断加剧竞争的激烈程度。

如果一个行业转入成本不高，转出成本也不高，会有大量的企业涌入；相反，如果这个行业转入成本很高，转出也不容易，则少有企业会进入，既存的企业所面对新进入企业的竞争压力会很小。

此外，销售渠道开拓较难，政府对特定行业有保护或限制政策时，新进入企业不会大量出现，甚至少有企业能够进入，则既存企业的发展会比较容易。对自然资源或是地理环境有特殊要求的行业，企业进入的门槛也会很高，甚至使得后发企业无法进入。

预期现有企业对进入者的反应情况，主要是采取报复行动的可能性大小，这又取决于行业规模的大小，如果是规模很大的行业，行业内的企业数量很多，则后发企业受到报复的可能性会很小。相反，如果行业规模不是很大，行业内企业的数量不是很多，后发企业的进入会直接影响具体的企业利润空间时，遭到报复的可能性会很大，甚至有可能受到既存企业的集体报复和打压。

总之，新企业进入一个行业的可能性大小，视进入者主观估计进入所能带来的潜在利益、所需花费的代价与所要承担的风险这三者的相对大小情况而定。

（5）替代品的压力分析。

替代品的压力分析从其施力方向看，可以分作两种情况：一是单一方向的替代，即某一种产品或服务可以替代既有行业中企业生产的产品或提供的服务，行业中的所有企业都面临这种替代产品和替代服务的竞争压力，如滴滴专车对出租车的替代便是一例；二是双向替代，即处于同行业或不同行业中的两个企业所生产的产品或提供的服务，可能相互替代，从而会引发双向的竞争，比如油汽汽车生产商和电动汽车生产商之间的竞争。

对于替代品的压力分析主要考虑的影响因素包括但不限于：替代品的数量、替代品生产厂商的能力、用户的转换成本，等等。

如果替代品的数量很多，则现有企业产品售价以及获利潜力的提高，将由于存在着诸多能被用户方便接受的替代品而受到限制。

如果替代品生产厂商的能力很强，战略很清晰，并有大规模进入此行业发展的计划和需求，则会使现有企业必须采取积极的应对措施，如提高产品质量、通过控制成本以降低售价、通过技术创新以增加产品特色，等等。如果企业不采取相应的措施，就有可能被人"拔旗易帜"，其市场销量与企业利润增长的主要目标会受到极大的冲击。

如果替代品的价格较低，质量很好，用户转换成本不高，则其所能产生的对于行业内既有企业的竞争压力就会很大。

一个有实力的企业，或是一个行业中若干处于主导地位的企业，一般不会坐视替代品的出现，也不希望出现有可能挑战它们领导地位的后发企业，为此，它们会采取两个方面的措施：

第一，不断强化自身产品的品质，力求满足顾客各个方面的需要，借此建立防火墙，不给其他企业之可能的替代产品以机会。

第二，建立"栅栏经营"模式，企业凭借先前发展所积累的人力和财力，构建保护企业的防卫栅栏，及早识别有可能冲击自己业务的中小微企业的更具创新性的产品或服务，然后出资将其买下，使它们所创新的产品与服务或成为自己的新兴产品或是新兴服务项目，或将这些产品与服务模式消灭在萌芽状态之中。

美国众多的高科技大公司都非常注重这种模式，它们的创新性已经远远不及小微企业，或者说，美国的创业创新主体是小微企业，大企业反而创新力不足。

为了防止这些更具创新性的小微企业做大，有实力的企业往往会买下这些小微企业，将它们的创新变成自己企业再发展的强大力量。

很多小微企业也乐于被这些有实力的企业收购，如此创业者可以获得巨额的财富。

当然，这种做法其实是不利于整个产业创新的，政府也不赞成这种做法。

（6）平台公司的分析。

平台公司一般不会与实体公司进行直接的竞争，所以，对于平台公司这种新兴力量，企业分析的着眼点主要在于对之加以利用，从而可以乘其大兴之风，以破企业发展之浪。比如，可以借助平台公司以降低采购原料的成本；可以借助平台公司以提高企业产品的市场份额；可以努力打造企业特色并借助平台公司进行宣传和推广，等等。

在信息化时代，为了拉近买方与卖方的距离，任何企业都不能远离平台公司的影响，远离了平台公司就等于远离了信息社会，就会逐渐失去当下顾客和潜在的顾客。

此外，平台公司虽然不会与实体公司展开直接的竞争，但是，因为它们的业务扩展会培养新兴业态或是新生公司，从而瞬间会成为"城狐社鼠"，实体公司对此绝不能掉以轻心，否则便会"城门失火，殃及池鱼"。

7.3 战略态势和战略选择

"SWOT分析法"是打通企业内部资源与外部环境并结合企业战略发展的一种态势分析法，它与"PEST分析法"一样源自四个英语单词，代表着微观环境分析的四个维度和方向，即企业自有的优势、劣势和企业所处环境当中的机遇与威胁。

其中：

S 代表优势，英语是 strength；

W 代表劣势，英语是 weakness；

O 代表机遇，英语是 opportunity；

T 代表威胁，英语是 threat。

S 和 W 是企业内部发展影响因素，代表着企业的强项和弱项；

O 和 T 是企业外部发展影响因素，代表着环境中存在的机遇和威胁。

企业进行 SWOT 分析的目的就是找出企业的强项和弱项，确定企业现在和将来可能面对的机遇与挑战，并据此判断企业发展的战略态势，从而选择最有利于企业的战略发展类型。

这种思考问题的逻辑，很符合中国企业家的特质。

根据这一思想，SOWT 分析就是要明确帮助企业家们确定企业战略发展过程中"能够做"的事情和"可能做"的事情之间的有机组合。

"能够做什么"要基于企业的强项和弱项做出判断，"可能做什么"要基于企业所处环境当中的机会和威胁做出判断。

此外，"能够做"的事情和"可能做"的事情两者之间又可以形成很多的组合。

基于 SWOT 分析，企业会根据自身的优势、劣势和面对的机遇与威胁判断出企业所处的四种不同的发展态势：

（1）当企业自身的优势很明显，外部环境中发展的机会也很多时，企业会进入最佳状态；

（2）当企业自身的优势很明显，外部环境中的威胁也很大时，企业需要果断迎战；

（3）当企业自身优势不足而弱势明显，外部环境中发展的机会又很多时，企业要把握发展的机会，做到机不可失；

（4）当企业自身弱势很明显，外部环境中的威胁又很大时，企业应该做出休养生息、蓄势待发的选择。

根据以上四种 SWOT 态势分析结果，企业可以对应地选择四种不同的战略发展措施：

（1）当企业处于最佳状态时，应该选择 SO 战略。

SO 战略就是成长性战略，其战略举措是发挥优势、利用机会，大规模地进行扩张，或"跑马圈地"，或"攻城略地"。

（2）当企业应该果断迎战时，应该选择 ST 战略。

ST 战略就是多元性战略，其战略举措是利用机会、克服弱势，在发展的过程中不断壮大自己。

（3）当企业处于机不可失的状态时，应该选择 WO 战略。

WO 战略就是扭转性战略，其战略举措是克服弱势、回避威胁，在夹缝中寻找发展的机会。

（4）当企业休养生息时，应该选择 WT 战略。

WT 战略就是预防性战略，其战略举措是减少弱势、回避威胁，先求生存、再谋发展。在这个时期，企业可以先"按兵不动"，但却绝对不可以"拔苗助长"。

SWOT 分析提供了微观分析的四个维度，这四个维度非常定性，也比较笼统，为了克服这种过于笼统的缺陷，还必须建立 SWOT 分析矩阵，以进一步明确企业所具备的多元优势和多元劣势，以及企业所面对的多种机遇与多种挑战。

为此，企业家应该在公司内部成立专业分析小组，通过调查将企业的各种优势、劣势以及面对的各种机会和挑战一一列举出来，并依照矩阵形式排列，然后用系统分析的思想，把各种因素相互匹配起来加以分析，以便从中做出一系列相应的判断，并根据研究结果制定相应的发展战略、计划以及对策等。

以 SO 战略为例，如果企业拟采用 SO 战略，则要考虑企业有多少优势，这些优势具体是什么，然后再分析企业有多少发展机会，这些机会具体是什么。在此基础上，进一步分析企业的何种优势可以用于把握哪种机会，是用一种优势把握一种发展机会，还是组合企业的多种优势重点掌控一种发展机会，还是分别用企业的不同优势去把握企业所面对的多种机会，等等。

7.4 战略类型与战略规划

通过宏观环境的分析，可以识别出最有利于企业发展的环境因素。

通过产业环境的分析，可以界定企业发展的定位与重点。

通过微观分析，可以明确企业的优势、劣势、机遇与挑战。

而分析的目的不在于分析本身，是要在此基础上形成企业发展对内与对外的基本判断，并基于此而确定企业发展的战略类型。

事实上，任何一个企业的发展，都会自觉或是不自觉地采用某种战略，并基于战略考虑选择企业自身发展的目标与方向。只不过成熟的企业不会让战略自发生成，而是要通过以上战略分析推导出应该采用的战略类型，并细分出战略发展的层次。

从总体上看，企业的战略可以分作三个层次。

也就是说，企业战略从高到低、从大到小可以分为总体战略、经营单位战略和职能战略三个方面。

未加分析而形成的战略一般是指第一层次的战略，即企业的总体战略；认真地进行分析以后，企业会形成三个层次的战略，并将战略由第一层次向第二和第三层次逐层深化。

深化以后的战略三层次，又可以根据其不同的属性划分出诸多的战略细分类型，每一种战略类型对应着不同企业的需要和不同环境的约束。企业为了更方便执行战略，更好地实现自己的战略目标，就必须对此加以选择，也就是要选择最适合自己企业特点，最有利于实现企业发展目标的一种或几种战略类型加以运用。

"企业战略"指明的是企业发展的大方向，而"战略规划"则是对这个方向上工作内容的细化，它是各个方面相关利益人员可以与企业实现"同频共振"的路线图。

"企业战略"决定了企业的发展方向，所以它很重要。"战略规划"是对"企业战略"的细节安排，它有多重要呢？没有细节的战略什么都不是，没有任何价值。

为了更好地说明什么是"战略规划"，它应该包括哪些方面的内容，下面就以鑫光正公司"2019~2023年度企业战略规划"的框架为例，内容如下：

鑫光正公司五年战略规划（2019~2023年）

一、企业使命

造福社会、成就员工，让客户更幸福，让企业更持久。

二、企业愿景

打造钢结构全屋系统世界第一品牌，打造畜牧养殖全屋系统世界第一品牌。

三、五年目标（2019~2023年）

完成"3232"目标（30亿元收入，2亿元利润，3亿元员工投入，2亿元纳税）；鑫光正转板上市，牧业公司上市准备。

四、商业模式

搭建生态链、信任链、自裂变系统。

1.企业平台化（平台型企业）

（1）以成就员工和专业化为导向，打造培养30个子公司，并形成各自竞争力。

（2）输出设备、技术、管理系统，以现有客户为依托在全球发展合资公司（10个）。

2. 产业生态化（生态链打造）

与产业链中具有竞争力的企业形成合资公司（10个）；与同行中专业人员合作，成立合作公司（10个）。

3. 信任链系统

建立全员信用意识；对外从机制上完善信任链建设，促进由业务往来变成信任往来。

4. 自裂变系统

要求财务规范、文化同频、团队具有竞争力，形成子公司、孙公司等的可复制、自裂变的系统。

五、产业定位

钢结构全屋系统、畜牧养殖全屋系统、两个全屋系统相互融合发展产品系统。

进行全产业链竞争力打造，包括房屋系统、设备系统、温控系统、环控系统、工程管理系统。

六、目标达成支撑

1. 文化支撑

以企业文化为发展引领（同频共振，统一辨是非的标准）：

利他意识；

服务意识；

价值意识；

契约意识；

"真文化、真流程、真制度"践行。

2. 战略支撑

总部平台化；

子公司聚焦和差异化、投资公司聚焦和差异化；

成本最低化。

3. 产能支撑

产业园建设：分散厂区置换 500 亩地进行扩建，打造支撑 30 亿元的工业园区。

4. 管理支撑

合法化、规范化、对标大公司、风险管控、标准化、可复制化、智能化、"三真"践行、子公司治理结构、数据导向、价值环节和价值链打造。

5. 组织架构支撑

充分利用好股权激励：从人人创造利润到人人创造价值，打造全员和企业的竞争力；实现人人价值和长期收益的最大匹配。

辐毂式组织架构：母公司管理人员的服务、指导、辨是非、管控能力推动母公司从产业型向平台型发展；子公司成为最具专业性、性价比最高的经营体。

6. 技术创新支撑

设计院入股合作和专业外包；在职员工技术能力提升（顾问，成功复制化）；上海、重庆研发中心建设；高校技术装配式建筑合作；高校技术合作（向精英学习，向第一学习、难题外包）。

7. 资金支撑

钢结构公司：2022 年企业转板上市。

牧业公司：2021 年新三板挂牌。

8. 人才支撑

人人都是价值创造者；充分释放人才价值。

精英化管理、人岗匹配、价值导向、人人都是股东、人人都是创业者。

9. 品牌支撑

人人进行奇迹创造，人人都是奇迹的创造者。

人人进行美誉度打造，企业的美誉度是 n 件事积累起来的。

10.业务支持

去业务人员化、国际化、匹配大客户、挂大靠强、续单、转介绍、与客户合作共赢。

战略规划多长时间为一个周期，不同的企业会有不同的认知，但是最短不能少于 3 年，也有的企业会设计为 4 年，而我们认为最好与国家的战略规划同步。国家战略是 5 年一个周期，从第 1 个五年规划到现在已经进行到了第 14 个。所以，我们在做战略规划的时候，也会选择以 5 年为一个周期。

战略规划只要理清企业未来几年的发展重点、总体目标、具体目标、实施办法、支撑体系等就可以，至于其表现形式在不同的企业可以不一样。

第8章

聚焦核心，打造品牌

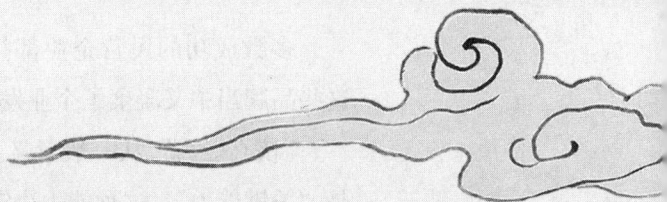

现代企业的竞争战略就是通过强化内部一体化管理系统和基于价值链创新商业模式发展外部差异化竞争以取得别人无可取代的优势地位。

作为民营企业家，要深入理解和把握这句话所传达的思想，其中有四个要点，即一体化管理系统、基于价值链创新商业模式、发展差异化竞争和取得别人无可取代的优势地位。

"建立一体化管理系统"是民营企业对内的要求。

"发展外部差异化竞争"是民营企业对外的要求。

"基于价值链创新商业模式"是民营企业沟通内外以后的共同要求。

"取得别人无可取代的优势地位"是民营企业发展所要实现的目标。

民营企业为了满足以上四点要求，就必须聚焦企业发展的核心能力，并在此基础上打造独属于自家企业的专属品牌。

8.1　聚焦核心能力谋发展

多数成功的民营企业都打造出了具备影响力的品牌，而这些品牌当中又凝聚了企业发展的核心能力。

"核心能力"从一般意义上看就是企业的"主要能力"或是"关键能力"，这种能力决定着民营企业的生存与发展。

什么样的能力才算是核心能力？什么样的核心能力才能具备市场竞争力？

通常而言，具备市场竞争力的核心能力会有四个共同的特点，即：

（1）有价值性。

一个企业的核心能力通常可以持续地为该企业创造价值，并能使该企业的价值持续上升。

（2）有独特性。

不同企业的核心能力借助其特有的资源和能力，内赋之以个性化的特点，千企千面，各不相同。

（3）难以被其他企业模仿。

很容易被模仿的能力不能长时间为个别企业所特有，一旦不为企业所特有则会成为大众化的能力，继而企业就不能因之而去获得独有价值或是更高价值，这种能力也就不再称其为核心能力。

（4）不易被其他企业替代。

或者说得再具体一点就是不易为其他企业的核心能力所替代，一旦被其他企业的核心能力所替代，则这种能力就不能再为企业创造独有价值或是更多价值，因而也就不再称其为核心能力。

据此四个特点，可以生成民营企业发展的一种路径，那就是聚焦核心能力谋发展，并在发展的过程当中不断地强化企业自身所具备的核心能力。

"核心能力"是一个企业所特有的，能够帮助企业持续获得商业价值的，不易被竞争对手模仿和超越的关键能力。

这种界定方法同时也是一种判断方法，当一个企业特有的能力，既可以为企业的发展创造巨大的价值，又不能轻易地被其他企业模仿和超越时，我们便可以判断这个企业有其独特的"核心能力"。

不同的企业，因其所处的行业不同，所提供的产品和服务不同，自身的特点不同，所在的地域不同，所拥有的资源不同，可能形成或是借其发展的核心能力会有诸多差异，其核心能力的形成所借助的要素也会各有侧重。

世界范围内最有影响力的企业，大多数是借助企业的研究开发能力来形成自己企业的核心能力。

这样的企业在所处的行业往往居于龙头地位，其他企业只能望其项背，代表性的企业在国际上有微软公司、英特尔公司、索尼公司和佳能公司等，这些公司凭借技术研发的强大核心能力，已经在所处的行业里成功了很多年，而且还将继续成功下去。

在国内这样的代表性企业有华为、大疆、抖音、小米公司、阿里巴巴集团、腾讯公司、百度公司、格力电器等。

此外，通过研究开发形成核心能力不一定是科技型企业的专属，传统产业也一样可以通过加大产品的研发力度，不断提升产品的品质，以达到构建企业核心能力的目的。

在企业发展过程中所必需的六大资源里，管理资源是极其重要的一类资源，借助它可以形成企业的核心能力。

通过管理资源打造企业核心能力的过程其实就是企业加强经营管理活动的过程，它发挥作用的途径就是企业正常开展的经营管理活动。如此看来，这种类型的企业核心能力，是一种常态化了的内在能力，是所有核心能力类别当中最为稳定的一个类型，也是所有企业都可以选择的一个为了核心能力而努力的方向。

不过，借助经营管理可以形成企业核心能力，并不等于只要企业有经营管理活动就一定可以打造出核心能力，一般性的经营管理活动、未加设计的经营管理活动是无法和企业的核心能力关联到一起的。

要使企业的经营管理本身成为企业的核心能力，首先要对企业的所有经营管理活动进行战略性的设计，其次要特别关注企业经营管理过程中的若干关键要素，包括高效率的财务管理系统、高水平的人力资源管理系统、有效的部门分类及事业单位的经营、强大的领导能力，等等。

只有当这些关键节点的经营管理活动十分高效，且各个节点能够有机协同的时候，企业的经营管理活动才能变成企业的内生能力，成为企业的核心能力，变成企业的核心竞争力。

　　美国的诸多大公司如通用电子（GE）和壳牌（Shell）等，它们长盛不衰、历久弥强的重要原因即在于此。国内这样的代表性公司有三一重工、中联重科、海尔智家等。

　　核心能力是企业的主要能力，是关键能力，是常态化的能力，但它并不是高深的能力、复杂的能力、不可捉摸的能力。

　　对于生产型的企业而言，它们核心能力的生成就在于专业化地生产，生产的效率性、创造工艺的持续性、向上能力再加上韧性和敏捷的反应速度就足以帮助企业生成核心能力，拥有核心竞争力。

　　在这一方面，众多的德国企业给予了很好的说明，也做出了很好的示范。

　　销售和流通是企业的最基础功能，但也一样可以生成企业的核心能力，比如当下众多热门的电商公司和物流快递公司。

8.2　通过品牌管理促进步

　　核心能力的一个集中表现是企业打造了强势品牌，而这一强势品牌的形成除了具备基础条件外，主要靠强势的营销来实现。

　　如此，强势营销加品牌管理可以形成企业的核心能力，这一点尤其适用于快速消费品行业，其中国外成功的范例有宝洁公司（P&G）和百事可乐（Pepsi Cola）等。国内比较成功的企业有蓝月亮等。

　　这些企业的成功主要在于两点，一是品牌的卓越管理及强势促销，二是广泛利用高品质名声，促进销售活动对市场流动的快速反应。

　　在现实企业运行过程中，强势品牌往往就是企业核心能力的代名词。

　　为此，有志于打造企业核心能力的企业，最终都应该将关注点放在强势品牌的打造和维护上。而这项工作如何开展呢？现择其要点分析如下。

强势品牌的打造首先要注重创新。

这种创新应该包括技术创新、管理创新、营销创新和服务创新四个方面。在创新的过程中，企业一定要坚持三个第一，即诚信第一、客户第一、产前和产后的服务第一。

其次，强势品牌的打造其关键要素应该是人才。

品牌的营造和维护关键之处在于人才，中国的企业和品牌现在最缺的就是关于品牌管理的各个方面的专家和人才。

最后，品牌做强是一个系统工程。

从表面上看，强势品牌是企业的营销策略与产品本身在发挥作用，而实际上它的成功需要"企业价值链"全系统地参与。从原料的采购开始，到生产工艺的改进，新功能的研发，高效率的生产，精准的营销推广，完善的售后服务，文化因素的注入等，每一个环节都很重要，单独强调其中任何一点都是不够的。

为此，波特先生提出了整合的概念，即品牌不只是一连串的活动，而应该是一连串的互动式活动。

他在《竞争优势》一书中写道："如果你只看到少部分的优势，你几乎是很快就会被模仿的；相对地，你应该要靠整合价值链来衍生这样的优势。如此一来，建立价值链的特色，将使得模仿变得非常困难，竞争者不仅得模仿一个特色，而是要模仿整个价值链的特色。如果你定位在价格竞争，你得确定低成本政策贯彻于你企业的整体，而非只有在制造生产的部分；服务、行销，任何政策都必须符合低成本的原则。"

为何打造品牌时整合如此重要？因为"整合会带来竞争优势；整合会增加模仿的困难度"。

通过企业"全价值链"的共同参与，协同打造强势品牌是一个工作法则，忽视了这一点的企业将很难在品牌营造上取得成功。它不是回答"营销方案是否具有战略意向""营销队伍是否高效""客户群体稳定吗""他们忠诚吗"这样几个问题就能解决的。

如果要找出一个问题点出品牌营造的实质，那应该是"你的企业是否在竞争战略的指导下培育了持续的竞争优势"。

这种持续的竞争优势是由顾客的需求导向的，一个成熟的企业会重视顾客的三种类型的需求，即"差异化需求""优质化需求"和"引导性需求"。

"人无我有"的特色发展战略可以满足顾客的"差异化需求"，从而赢得细分市场。

"人强我优"的优势发展战略可以满足顾客的"优质化需求"，给予顾客他们想要的最好的产品或服务。

而"人优我变"的超前发展战略则可以"引导"顾客的需求，借此企业可以开拓出全新的市场，从而能够将竞争对手远远地抛在后面。

以上三种需求引导的发展战略所遵循的是"顾客价值导向"的竞争法则。

做企业要考虑你的企业能够给予顾客什么样的价值，一定是给予顾客他所需要的甚至是高于他所需要的价值；做人要考虑你能够给予周边的人什么样的价值，一定是给予他们最好的价值，不求回报的价值。

这既是经营的哲学，也是为人处世之道。借用老子和孙子的思想，就是"将欲取之，必先予之"。给得越多，回报越大。

品牌管理的重点表面上看是销售产品、开拓市场、整合资源、经营关系、打造品牌，但细究起来，决定其成败的关键要素还是顾客。

这其中的逻辑很简单，企业要成功一定得卖出产品或服务，卖出一定的产品与服务，企业可以生存；卖出足够多的产品与服务，企业可以发展。

企业能够卖出多少产品取决于企业拥有多少顾客，有的顾客可能是一次性购买，有的顾客可能是持续性地购买，一次性购买的顾客多了可以解决企业生存的问题，持续性购买的顾客多了可以解决企业发展的问题。

通过广告宣传和商业策划可以让一次性购买的人数增加，持续性地提高产品的质量及其美誉度可以让持续性购买的人增加，持续购买的人多了，产品便有了品牌号召力，可以成为知名品牌、老品牌，企业可以成为知名企业、老企业、百年老店，这一切显然都取决于顾客。

通过以上逻辑可以推理出一个结论，即"顾客决定了企业的一切"。而这一结论又决定了企业的对外工作重点就是"不断地培育能够忠诚于企业的顾客群体"，不断地开发市场和创造需求。

而面向市场时，企业家考虑的问题有三个，那就是"卖什么，卖给谁，如何卖"。

其中，"卖什么"是行业选择的事情，不同的行业有不同的顾客需求。在这个方面，"选择比努力更重要"，如果选择对了行业，选择准了顾客群体，企业便成功了一半。反之，如果选择的产品不是市场需要的，形不成固定的或是较大的顾客群体，那么无论企业家多么卖力地工作，企业如何提高管理水平，其结果都注定不会令人满意。所以说，成功企业家经营企业成功的第一步一定是选对了行业，选准了产品，这是前提，是必要条件。

"卖给谁"是市场选择的事情，它所关注的重点是顾客群体的细分。这其中，地域是一个重要变量，顾客特点及其消费习惯是另一个变量。简单地说，决定企业在市场上成败的主要因素就是如何以差异化的产品及营销策略来打动特定地区顾客的心，从而培养出对企业产品有忠诚度的稳定的顾客群体。

"如何卖"简单说是个方法问题，但其实它所涉及的因素有很多，可以归纳为两个阶段：第一个阶段是产品的生产，这是决定产品能否卖出去的关键，只有生产的产品好销售起来才容易，为此要做足产品的研究与开发工作，提高产品的技术含量，不断加强质量管理，确保生产过程中的精细控制和安全；第二个阶段是销售，包括广告宣传、产品策划、营销体系、售后服务等环节，其中广告宣传是重点，用什么样的形式宣传，宣传产品的哪些特质，在宣传过程中要把握什么样的原则，这些都是需要特别强调的地方。看起来，做好这两个阶段的工作似乎是个复杂的系统工程，但其中的指导思想却非常简单，那就是与顾客做"换位思考"，假如你是顾客你会需要什么样的产品？假如你是顾客你会喜欢什么样的产品介绍？当这两个问题考虑清楚了，产品自然就容易卖出去了。

企业家在思考以上三个问题时，焦点都是顾客，正所谓"成也顾客，败也顾客"，所以要非常重视顾客。

为此，许多世界知名企业都把关注顾客置于其企业文化的核心位置。下面略举几例加以证明：

（1）艾维斯租车公司的企业文化。

艾维斯租车公司经营汽车租赁业务，其企业使命是"做到让顾客完全满意的程度"；其目标是提供顾客最佳的服务，待客一如待己，还要超出顾客的期望。

（2）波士顿啤酒公司的企业哲学。

"我们是波士顿啤酒公司，我们生产全美国最棒的啤酒，我们待人如己，我们以热诚来销售啤酒，工作有活力，并尊重顾客。"

（3）达顿赫德逊公司的企业使命。

"我们经营的目的是让顾客满意，提供比竞争对手更高的消费价值；我们为顾客提供时尚、价格具竞争力的高品质商品；在我们的商店中提供顾客最需要的商品；我们为顾客提供完整的购物体验，在服务、便利、环境及道德标准等方面达到或超越顾客的期望。"

（4）固特异轮胎公司的企业使命。

"不断提高产品与服务品质，满足顾客需要。唯有如此，固特异轮胎公司才能创造事业的成功，并增进投资人与员工的福祉。"

以上是分处于不同行业的四个知名企业，细看它们公司的企业文化其实很简单，概括起来不过就是四个字，即"重视顾客"，如果为之加一个状语的话，还是四个字，那就是"真心实意"。

"真心实意地对待顾客"，是通过品牌管理打造核心能力的最为朴素的内在逻辑。

品牌管理过程中的发力对象是顾客，如何赢得顾客的持续性信任是工作的重点。

表面上看能够打动顾客并获得顾客认可的是物质的产品或是外在的服务，但实际上真正起作用的是凝结于产品或服务之中的企业文化，重点是企业对待顾客的认知与态度。

鞋业权威耐克在它的企业文化中明确指出，"耐克成功的秘诀不只是卖鞋，更多的是在卖一种理念、一种文化、一种生活方式。耐克不仅是功能化的运动鞋品牌，更是时尚和创意生活的代表"。

当一个企业仅仅是卖产品给顾客的时候，这个企业一定还不够强大；当一个企业在无微不至地关心着顾客的需求，不断地引领着顾客开启一种生活方式时，这个企业肯定已经非常成熟。

从传统文化的角度考虑以上问题可以提炼出两个字的真经：一个是"仁"，另一个是"恕"。

仁者，爱顾客也，既然爱顾客，那么一定会卖给顾客货真价实甚至是物超所值的东西。

既然是爱顾客，那就一定要"真心实意地对待顾客"，所以一方面不可能卖假冒伪劣的产品给他们，另一方面还会时刻注意倾听他们的诉求，解答他们的疑问，满足他们对于时尚及更高品质的追求，消除他们一时存在的不满。在这种情况下，顾客回报给企业的不仅是金钱和效益，还会有持久的信任、尊重以及忠诚和热爱。

当企业爱顾客，顾客也能爱企业时，这便超脱了单一的"仁境界"，而进入墨子所主张的"兼相爱"境界，也就是"互仁境界"。仁者，爱人也；兼相爱者，爱人者又能被人爱也。

在培育"兼相爱"的过程中，企业要先迈出第一步，然后是顾客的跟进。也就是说，主动权在企业一方，它的始动力一定是源自企业高层团队的正确经营理念。为此，可鉴墨子之言，"故圣人之治天下为事者，恶得不禁恶而劝爱？故天下兼相爱则治，交相恶则乱。故子墨子曰'不可以不劝爱人'者，此也"。

对于顾客之"恕"，重点在于它的后一层意思，即"己所不欲勿施于人"，这一条原则，是企业与顾客之间可以建立信任基础的前提条件。

正如子思在《中庸》中所说，"忠恕违道不远，施诸己而不愿，亦勿施于人"，意思是"做到忠和恕，距离中庸之道就不远了，施加给自己而自己不愿，就不要施加给别人"。

在对待顾客的态度上坚持"仁"和"恕"可葆企业长足发展，这应该成为最为朴素的管理学道理。

为此，有志于在商场中大显身手的民营企业家们必须坚持老子所提倡的一种信念，那就是"贵以身为天下者，则可寄于天下；爱以身为天下者，乃可托于天下"，心怀天下苍生，感念生命珍贵，对顾客充满真诚与爱意，则可赢得市场，占得份额，成就伟大的企业。

为此还可以借鉴唐太宗李世民的思想。在中国历史上，把爱民的思想与爱民的实践结合得较好的是唐太宗李世民，他在《贞观政要》中指出，"为君之道，必须先存百姓。若损百姓以奉其身，犹割股以啖腹，腹饱而身毙。若安天下，必须先正其身，未有身正而影曲，上治而下乱者"。

他要表达的意思是，做国君的原则，必须以百姓的存活为先。如果以损害百姓的利益来奉养自身，那就好像割自己大腿上的肉来填饱肚子，虽然肚子填饱了，但人也就死了。如果想安定天下，必须首先端正自身，世上绝对没有身子端正了而影子不正的情况，也没有上面的治理好了而下边发生动乱的事。

在这里，既可以把太宗所说之民喻指企业"员工"，也可以喻指"顾客"。

如果是喻指企业员工，则企业家必须爱护其员工，关心其员工的成长，时刻为其员工做好带头作用。唯其如此，才可赢得员工之心，使之付出发展之力。否则，"水可以载舟，亦可以覆舟"。

如果是喻指顾客，则企业家必须带领他的企业善待顾客、热爱顾客，真心实意地想顾客之所想，谋顾客之所需。只有这样，企业才能赢得顾客、拥有顾客，与顾客建立长久的关系，成为相互依存的伙伴，从而把企业做大做强，做成百年老店。否则，坑骗顾客，售其伪劣产品，这便是企业家在"割股啖腹"，终究会把企业拖向万丈深渊。

8.3　核心能力生成的路径

"能力突出"定企业发展之主线，为了做好主线工作，需要企业"全价值链"参与，需要融资、生产、研发、运送、销售、宣传、管理、服务等多环节工作协同共进。

为了把这项工作做好，企业领导必须重视，企业全体人员必须全面参与，在运作的过程中必须要融入先进的理念，必须要进行严密的设计，必须要十分认真地审时度势，必须要了解对手，必须要不断地进行创新，必须要把握各种条件，必须要利用好各种资源，必须要严格按照各项要求推进。当然，最重要的还是必须要设计好战略性的发展路径。

打造企业核心能力的战略性路径可以分作如下七个步骤进行：

第一步，识别企业自身的关键战略要素。

关键战略要素的识别，从大的方面考虑可以基于六大资源进行分析，分析的顺序是先人力资源、资金资本、物力资源，而后是信息资源、关系资源和管理资源。

第二步，基于企业的关键战略要素界定核心能力的取向。

通过关键战略要素分析，可以界定企业核心能力的发展走向，而界定企业核心能力取向的最终目的就是明确企业要选择的核心能力类型。

在选择企业核心能力类型时，要重点考虑打造这一核心能力的可行性、必要性、前瞻性和长远性，考虑的依据是前面所论之核心能力的四个特点，即有价值性、有独特性、不易模仿和不易被替代。

第三步，确认所需资源并建立整合程序。

因为：资源是基础，是条件，只有想法没有资源和条件的努力只能是徒劳。

所以：一旦确定了核心能力发展走向以后，还要回头对相关战略性资源做再分析工作。

在进一步的资源分析过程中，可以把握这样一个思路：

资源可以是现有的，可以是将有的，可以是自有的，可以是拿来的，可以是由现有的催生出将有的，可以是拿来以后成为自有的，在这一点上要采用机动灵活的态度，要具有"天下资源可以不为我所有，但皆可以为我所用的"的胸怀。

有了这样的志向，才会有整合天下资源的信心和雄心。

整合资源和资源整合工作的关键是设计好整合与运作的程序。

无论是选择了一种要素，还是选择多种要素，无论是想强化一种能力，还是要组合几种能力，都需要对之进行科学的规划，都要建立起全面运转的制度，都要从权力上给予保障，都要求全体人员全面参与创新。

第四步，借助一体化管理系统的整体力量推进核心能力的打造工作。

"一体化管理系统"的功能就是要帮助企业取得别人无可取代的竞争地位，打造企业独一无二的核心能力。所以，企业在打造核心能力的过程中，必须要借助"一体化管理系统"的整体力量。

首先，核心能力的打造必须与企业的定位相呼应，企业要借助清楚的战略定位引导核心能力的培育，并通过核心能力持续地发挥作用以不断实现企业的发展目标。

其次，核心能力的打造框架必须与企业的战略谋划与战略运行工作相

第8章　聚焦核心，打造品牌

第8章　聚焦核心，打造品牌

113

连接，并通过战略管理七大类工作的全面运转以扎实地推进核心能力的打造工作。

为了将核心能力的打造落实为企业全员的行动，还必须将这项工作与绩效管理工作进行有机对接。

此外，在打造核心能力的过程中一定要特别注重人才的作用和人才的培养；要注重构建高绩效的工作团队，要注意企业文化的柔性支持。

有如此系统化地推进核心能力打造工作的努力，则必有企业核心能力可以生成的结果。

第五步，全过程评价各个核心能力要素。

在打造核心能力的过程中，企业还要随时评价已选择的核心能力要素和核心能力类型是否可以满足上述四个关于核心能力的分析特点，如果企业所选择的核心能力要素和类型能够满足这四个特点，则其便具备了刚性特点，有了这样的刚性特点，则其被其他企业模仿和超越的可能性会很小。

相反，如果企业的核心能力要素或类型没有刚性，很容易被竞争对手模仿和超越，则这样的核心能力就无法帮助企业取得无可替代的竞争地位，企业就要做进一步升级或是转向的打算，并要因之做出具体的战略性安排。

第六步，全过程评价潜在竞争要素并保护好自己的核心能力。

在打造核心能力的过程中，企业还要随时观察竞争对手的能力发展走向，要全面掌握行业内有竞争力的、成熟企业的战略取向，以此判断企业所选择的核心能力类型是否会被其他潜在的竞争要素冲击，甚至是被替代。

此外，企业还要防止"梁上君子"的出现，在积极向竞争对手学习的同时，保护好自己企业核心能力的机密不外泄，不被竞争对手所窃取。

为此，企业既要建立竞争情报获取机制，还要建立反竞争情报工作系统。

第七步，固化和强化既有的核心能力。

核心能力一旦形成，企业要跟进"固化之"与"强化之"的措施。

其中，"固化之"就是要把成熟的做法固定下来。

"强化之"就是在居安思危的思想指导下，对已经生成的核心能力进行自我完善，并结合产业发展走向、外部环境发展变化，不断地推进自我否定的创新式改造工作。

第9章

文化引领，精准建构

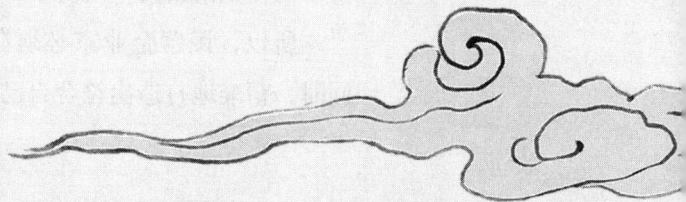

企业战略与企业文化是企业发展的两大统领，它们与绩效管理共同构成企业管理的三驾马车，是民营企业家必须重点关注的工作。

如果扩展民营企业家必须关注的管理门类，还应该加上品牌管理与团队管理。

如此，民营企业家要重点关注的企业管理工作内容就包括了五个方面，它们分别是企业战略管理、企业品牌管理、企业文化管理、企业绩效管理和企业团队管理。

而在这五个管理门类当中，企业文化管理是柔性的，它就如同润滑剂一样，滋养着其他四个方面的管理工作。

同时，它又如同"灵魂"一样，引领着整个企业的各项工作有活力地运行。

既然企业文化管理如此重要、不可或缺，那么民营企业家就必须投入更多的精力于此工作当中，精准地建构起自己的认知，并找到合适于自己企业的方法。

事实上，每一个真心经营企业的民营企业家，在经营企业很长时间以后，都会生出一种情怀，那就是希望把自己的企业做成世界上最伟大的公司。

而伟大的公司一定离不开文化的引领。

所以，民营企业家必须在重视自己公司企业文化建设的同时，精准地打造出符合自己公司特点的企业文化内容。

9.1　企业文化的精准理解

从根源上看，企业文化就是企业的"道"。

"道"是什么？"道"是万物的根源，是世间事物运行的法则。

老子说，"道生一，一生二，二生三，三生万物，万物负阴而抱阳，冲气以为和"。

韩非子说，"道者，万物之始，是非之纪也。是以明君守始以知万物之源，治纪以知善败之端"。

企业文化就是企业的道，是企业的灵魂，虽然无形，但却最为重要。

"企业文化是道"，这句话不容易理解，也不方便使用，所以要给企业文化下一个明确的定义，并提炼出一种容易理解的通俗说法。

"企业文化"是企业在长期生产经营过程中逐步形成与发展的，带有本企业特征的经营哲学，以及这种经营哲学外化生成的企业的精神文化、亚文化、在生成文化和表象文化。

其中，精神文化是企业文化的核心内容，它又包含了企业使命、企业愿景、企业宗旨、核心价值观、企业精神和企业理念六个方面，其重点是企业的理念精神和思维方式，通俗地说就是企业组织的思维方式、习惯和想法。

以下是鑫光正公司的企业文化。

一、精神文化

1. 企业使命

造福社会、成就员工，让客户更幸福，让企业更持久。

2. 企业愿景

立足世界、放眼未来，倾力打造全球性的现代化管理标杆企业，用心追求成为世界第一的钢结构公司。

3. 企业宗旨

以社会为己任，以企业为平台，以团队为核心，完善自我、共创财富。

4. 企业精神

激情、务实、感恩、跨越。

5. 核心价值观

有利于社会利益、客户利益、企业利益、员工利益、合作伙伴利益。

6. 企业理念

以客户满意为中心。

二、亚文化（13 个基础性工作理念）

1. 管理理念（管理目标）

我们要建设"家庭化、事业化、学校化、军事化、职业化"的现代企业，借助五化管理不断实现自我能力提升，通过能力的不断提升最终实现企业的长远发展。

2. 发展理念（发展目标）

（1）实施五化管理，以达到企业利润最大化；

（2）提高员工素质，以增强企业快速反应能力和迅速壮大能力；

（3）以客户满意为中心，提升企业形象，提高员工生活水平和工资标准。

3. 工作理念（工作作风）

认真、快、坚守承诺。

4. 执行理念（行动准则）

保证完成任务，决不找借口。

5. 处世理念（心态观）

企业"三不"——不说消极的话，不做消极的事，不谈消极的人。

企业"三用"——用积极的心理期望替代消极的心理期望。

用积极的心态替代消极的心态；用积极的情绪替代消极的情绪。

6.干部理念（用人观）

基层看才能，中层看品质，高层看胸怀，从业绩中看德才，从德才中选干部。

7.进步理念（道德观）

小成在智，大成在德，认真做事，诚信做人。

8.领导理念（领导观）

一个优秀的领导应该具备三种能力，即沟通的能力、包容的能力、果敢的魄力，并不断地把这三种能力用于为客户、企业创造价值的工作过程当中。

9.信任理念（信任观）

希望得到别人的信任，就要做让别人信任的事。

10.人才理念（人才观）

交给他一件事情，他做成了；再交给他一件事情，他又做成了。

11.创新理念（创新观）

知足者常乐，知不足者常新。

12.实践理念（实践观）

想壮志凌云，做脚踏实地。

13.成长理念（成长观）

赏识中成长、谴责中成熟、自律中成功。

因为思维方式决定做事方式，习惯决定行动，想法决定工作与生活，所以加强企业文化管理工作，尤其是加强企业精神文化管理工作的重点就是努力使组织培养正确的思维方式、良好习惯以及积极的想法。

（1）思维方式决定做事方式。

一件事可以这样做，也可以那样做，但是到底怎样做取决于当事者的思维方式及其内心所坚持的价值观念。

依照不同的思维方式和价值观念去做事，往往会生成大相径庭的结果。

这样的道理同样适用于企业。

对于一个民营企业而言，如何做事，首先取决于民营企业家的思维方式，它将决定着员工们的思维走向。

为了确保企业能够坚持正确的思维方式，民营企业家们必须率先垂范，成为员工的精神导师，通过培养自身正确的思维方式然后传导给员工以让他（她）们可以正确地行事。

如此，才可以确保企业能够得到快速和协同性的发展。

比如，要想员工热爱自己的企业，前提是民营企业家们热爱员工。

当员工感受到了企业领导们的爱时，他们自然会有爱的反馈，反馈给企业，反馈给企业家，表现为热爱企业、热爱职业、热爱同事，把企业当成自己的家，从而可成企业发展之良好局面。

有爱、用心是一种思维方式；冷漠、粗暴是一种思维方式。

当民营企业家们选择了前者时，企业会有大发展

当民营企业家们选择了后者时，企业当不能长久存在。

（2）习惯决定行动。

一个成功的人一定会有许多好的习惯，并借助这些好的习惯不断走向成功。

一个企业也是这样，如果它有许多好的习惯，它也可以不断取得成功。

如果民营企业家没有养成好的习惯，从而致使企业的习惯不好，那么他的企业迟早要失败。

一个人的习惯在于经常性的养成。

一个企业好的习惯也需要经常性的养成。

如何养而成，持而久，这既是企业文化管理的任务，同时也是企业文化建设的目标。

（3）想法决定生活。

一件事情可以这样想，也可以那样想，想法不同，结论不同，最后对

于行动的影响会大相径庭。

就个人而言，想法决定生活，有什么样的想法，就会有什么样的生活和未来。

为了有一个美好的未来和幸福的生活，做人一定要有积极的想法。

就企业组织而言，也是这个道理，在老板的带动下，企业文化氛围积极，各种想法积极，为了实现各种设想的准备充分，企业自然经营成功。

否则，企业老板做人很消极，员工想法从来不积极，这样的企业想成功实在困难。

好的企业文化一定能够培养大批的思想积极者，企业和谐，绩效很高。

差的企业文化一定会培养出大量的思想消极者，企业内耗，绩效很低。

企业文化的好与差也只在最初的一念之间，来自民营企业家或是高层领导团队创业之初、经营之始的思维方式。

民营企业家最初的思维方式，催生了企业后续的习惯，然后形成了员工和企业的想法，而这些思维方式、习惯和想法，最终决定了企业文化的基础及其核心内容。

根据以上分析，还可以得出如下几个重要的结论：

第一，企业文化有时就是企业家文化、老板文化，老板的思维方式、习惯和想法决定了企业文化的走向甚至是企业的命运。

第二，企业文化一旦形成，很难更改，因为人们的思维方式、做事习惯和看待事情的想法都属不易改变之范畴。

所以自企业创立之初，或是民营企业家想要打造优秀的企业文化之始，就要好好地研究自己及其他高层领导的思维方式、习惯和想法，然后尽量将之引导到有利于企业文化建设的轨道上。

思维方式是可以改的，习惯是可以养成的，想法也是可以变的，如果现时企业文化不理想，而企业领导又有志于打造优秀的企业文化，那他们必须首先做出改变，然后才能倡导和指引其他人随之而变。

第三，要想打造优秀的企业文化，最好从企业成立之初就开始设计，因为企业成立之初所形成的思维方式、习惯和想法对企业日后的影响是深远的，这时即思考企业文化建设一事，如同在空白纸上作画，想做什么样便是什么样，想往哪个方向引导便可以往哪个方向引导。

第四，民营企业后天想要打造优秀的企业文化必须从民营企业家与企业高层团队先行做起，如果没有企业高层领导的率先垂范，所有的提议，所有的呼吁，所有的设计，最终都将成为一纸空文，企业文化手册是企业文化手册，企业文化是企业文化，两者之间是"两张皮"，各不相依。

第五，要加强企业文化管理，必须认可这是一个慢功细活，因为思维方式的培养是一个较长的过程，思维方式的改变是一个较为艰难的过程；习惯的养成需要时间，习惯的改变更需要时间；想法的形成不容易，改变已经形成的想法更不容易。

所以，企业文化管理不能追求一时而就，必须要脚踏实地地设计，全力以赴地推广，多花一点时间去经营。

第六，营造真正的企业文化必须从培养员工的正确思维方式、良好习惯以及积极的想法这三个方面着手用力。企业家或企业高层领导是企业文化的始动者，但他们不是企业文化的主要承载者。

企业文化的主体、主要承载者、主要使用者是企业的员工，只有企业员工在高层领导的引领下，培养了正确的思维方式、良好的习惯和积极的想法，企业文化才算建成，企业文化管理才算成功，企业文化的精神引领作用才能得到全面的发挥。

9.2　企业文化的共通内容

对于民营企业而言，如果没有优秀的企业文化，就很难营造人才成长的环境。

如果没有优秀人才的成长，民营企业要想获得长足的发展将会变得非常困难。

要打造优秀的民营企业文化，需要民营企业家先行学习优秀的企业。

优秀企业的企业文化无论如何创新，都会保有一些共通的特点，这可以成为所有企业进行企业文化设计时的参考。

优秀企业其文化存在共同之处。

世界 500 强公司胜出其他公司的根本原因，就在于这些公司善于给他们的企业文化不断注入活力，这些一流公司的企业文化同普通公司的企业文化有着显著的不同，他们最看重四个方面的内容：

（1）注重团队协作精神；

（2）永远以客户为中心；

（3）平等对待员工；

（4）进行激励和保持创新。

《追求卓越》一书的作者彼得斯和沃特曼，通过对高新技术领域、消费品领域、传统工业领域、服务行业领域、能源化工行业领域的研究，分析了 60 多家世界知名企业如惠普、IBM、英特尔、宝洁、3M、柯达等公司，总结出了成功企业的八大属性：

（1）崇尚行动。不断尝试，关键是要去做，倡导科学实验精神。

（2）贴近顾客。倾听顾客，不断从顾客身上学习，为顾客提供最优质的服务和产品。

（3）自主创新。激发员工的创造力，鼓励和呵护创新行为，倡导合理地犯错误的次数。

（4）以人促产。尊重和关心每一位员工，强化其自信和渴望成就的心理，从而极大释放生产力。

（5）价值驱动。让员工认同企业价值观，为高于利润的价值目标而努力，保持企业永久的活力。

（6）不离本行。不要轻易进入不熟悉的领域，不要盲目多元化，要依托本身的优势获取市场成功。

（7）精兵简政。保持机构灵活有效、简单明了。

（8）宽严并济。善于把握集分权的尺度，充分发挥员工主观能动性的同时，保持企业的统一。

在《基业长青》一书中，柯林斯和波拉斯选取部分行业内的一流企业作为高瞻远瞩的公司展开研究，这些公司历经百年而依然长盛不衰，其中包括美国运通、波音、花旗、通用、惠普、IBM、3M、索尼、沃尔玛等近20家世界知名企业，研究成果认为企业基业长青的奥妙在于以下九个方面，即：

（1）造钟而非报时。公司领导人应当致力于建立组织，而非使公司依赖于领导个人魅力而存在。

（2）利润之上的追求。公司能够不断前进的根本原因在于超越利润的价值目的，而只要坚守这些理念，利润将会随之而来。

（3）保存核心，刺激进步。固守核心价值的内涵，但随时准备改变和演进其表象。

（4）胆大包天的目标。激动人心的目标往往光芒四射，它能够激发所有人的能量并使之凝结在一起。

（5）教派般的文化。只有真心认同企业理念，且行为规范与企业要求严格一致的精英分子才可能留在企业内，如教派般界限分明。

（6）择强汰弱的进化。不断尝试，创造机遇，保留有效部分，迅速放弃无效的东西，以更好适应环境。

（7）自家的经理人。任用企业内部成长起来的经理人保持核心理念的一贯性。

（8）永远不够好。永不满足，不断改善，自我要求极为严格，明天要比今天更好，杜绝任何自满。

（9）起点的终点。理念宣言只是一个起步，必须持续不断地将理念转化为公司的一切作为。

《竞争力》一书对美国国家质量奖、欧洲质量奖的成功企业框架进行研究，深入分析优秀公司的管理思想和运作模式，总结出了杰出公司的八大商业原则，它们分别是：

（1）领导以身作则。领导富有远见卓识，能够以使命愿景激励员工；身体力行公司的价值观，并使之渗透传达到每个角落。

（2）以客户为中心。企业价值决定于客户感知价值，必须了解今天客户的需求并预测未来的客户需求和市场潜力。

（3）培育学习型组织，追求创新。创新是企业内部一种必不可少的商业属性，培育学习型组织就是为了给创新营造良好的环境。

（4）尊重员工和合作伙伴。管理以人为本，员工与企业共同成长，维持价值链生态，与合作者共创价值。

（5）谋求可持续发展。关注长短期利益平衡，关注利益相关者的权益，保持均衡发展。

（6）基于事实的管理。强调对事实分析，建立组织绩效评估系统，及时纠偏。

（7）速度就是竞争力。具备适应快速变化的能力，及时响应市场需求。

（8）良好的企业公民。企业应当成为遵守商业道德的典范，承担相应的社会责任。

除了以上四大类企业文化共有内容外，还要补充一点，那就是"因爱负责"。下面这个小故事对此有所启示。

5岁的汉克和爸爸、妈妈、哥哥一起到森林干活。突然间下起雨来，可是他们只带了一块雨披。

爸爸将雨披给了妈妈，妈妈给了哥哥，哥哥又给了汉克。

汉克问道："为什么爸爸给了妈妈，妈妈给了哥哥，哥哥又给了我呢？"

爸爸回答道："因为爸爸比妈妈强大，妈妈比哥哥强大，哥哥又比你强大呀。我们都会保护比较弱小的人。"

汉克左右看了看，然后，跑过去将雨披撑开来挡在了一朵风雨中飘摇的娇弱小花上面。

一家人开心地笑了。

这个故事告诉我们，真正的强者不一定是多有力或者多有钱，而是他对别人多有帮助。

高效的企业文化不在于造就多少个精英、强者，而在于通过爱与责任让组织的成员懂得负责任和关心他人，从而以这样的方式让组织变得强大和有影响力。

9.3　企业文化的理念指导

民营企业家在建构其公司的企业文化时，需要把握一些关键的理念指导，诸如：

（1）企业文化需要有意识的引导。

企业文化包括四个层次的内容，各个方面的内容又包含诸多细节设计，彼此之间相互影响、相互促进，成为一个系统工程。

既然企业文化是一个系统工程，那么企业文化的梳理与提炼过程也应该是一个系统工程，它需要企业核心员工的广泛参与。

既然对于民营企业而言，企业文化就是老板文化，那么它就一定要反映民营企业家的思维方式，并要内化为企业员工的习惯。

为了使员工的思维方式、工作习惯和群体思想能够按照民营企业家的意志和有利于企业组织的目标逐渐形成，需要民营企业家和领导团队有意识地引导，而不要让它们自发地生成。

有意识地引导，可以形成民营企业家想要的企业文化内容。

不加引导，企业在长期的生产经营过程中，也会生成企业文化，只不过这种方式生成的企业文化或优秀或不优秀，很难把握。

所以说，对于民营企业而言，想要什么，便应该及早引导什么；及早引导什么，便可成就什么，这是有志于做好企业文化管理的重要理念。

（2）企业文化必须内生于企业。

既然企业文化是企业组织的思维方式，那么这种思维方式必然会内生于民营企业家或是其高层领导团队。

企业文化是企业管理者与全体员工的整体工作习惯和思考各种事情的统一想法，它经由民营企业家或是其高层团队的引导，具有典型的这个民营企业家或是这个领导团队的特点。

企业文化是为特定企业服务的，判断企业文化好与坏的重要标准不是看它有多么高端，而是要看它能否适用于这个企业的管理工作。

以上三层意思所要表达的核心思想就是，企业文化是内生的，也必须由内生成，照抄其他公司的企业文化没有任何实质性的作用。

既然企业文化是内生的，那么特定企业的企业文化不能外搬其他企业，也不能不加分辨地学习其他企业。

（3）企业文化需要自上而下地打造。

既然民营企业家是企业文化的源头，那么在民营企业之企业文化提炼与再造过程中，其初始动力必须来自企业高层领导团队。

由企业高层领导团队的思想、创意和策略引导和变革企业的经营行为，由企业的经营行为生成或变革企业的经营成果，由这一系列的过程逐渐沉淀或变革出不同企业的企业文化，这是一个顶层设计的过程，是一个由上而下的营造过程。

进一步分解"企业文化的提炼与再造需要高层领导重视并亲自参与，它需要在企业内部自上而下地打造"这个理念，可得如下几层意思：

①成功的企业文化需要高层管理人员尤其是企业老板亲自领导，是一

项不能授权给他人的任务。

②只有高层领导才有带动企业产生重大文化变革的权利和组织影响力。

③没有企业主要领导人公开且明确的赞成和支持，任何制度和行为都无法得到坚持和强化。

④企业文化的生成是一个自上而下的过程，企业文化的变革同样也是一个自上而下的过程。

（4）企业文化必须为企业战略服务。

战略是如何有效地围绕目标整合资源？

战略是以建立持久竞争优势为目的的一系列整合行动。战略就是首先做正确的事情，而战术则只是把事情做正确。企业文化是为实现战略目标服务的价值观和方法论。

由上可知：

企业文化是为企业战略服务的，有什么样的发展战略，就需要什么样的企业文化配合，如果没有清楚的企业战略目标和战略规划，则企业文化会成为无源之水和无本之木，其自身的存在也就失去了价值且不会发挥正确引领企业发展的作用。

实践证明，企业战略是企业发展的框架，企业文化是企业发展的灵魂，企业文化为企业战略的发展提供可持续的动力支持，它们共同引领企业的发展。

一个没有明确战略规划和系统企业文化设计的企业是永远不可能做大和做强的。

此外，沿着第二个理念——"企业文化是内生的"这个思想继续往下分析可知，企业文化必须与企业自身的特点相结合，内生企业文化一定可以全面吸收企业特点并充分展现企业特色。

如果企业文化与企业特点没有结合，那样生成的企业文化对于有效提高企业管理水平不会有任何帮助；相反，有可能会给企业的发展带来巨大的伤害。

经上分析，可以得出这样的结论：

没有自身特点的企业文化不能称为企业文化，企业文化必须服务于企业的战略规划，不能为文化而文化。

（5）成熟的企业文化必须能够落地。

企业文化落地，企业文化功能实现；企业文化功能实现，说明企业文化已经落地。

落地应该在先，功能实现随于其后。

而不能落地的企业文化，等同于没有企业文化。

企业文化如何才能落地呢？除了高层领导的重视和支持外，还需要强调三个方面的工作：

①为了便于企业文化落地，企业文化自设计之时，就应该注意其系统性。尤其是要处理好精神文化与基础性工作理念之间的联系。

②为了便于企业文化落地，必须将之与员工的收益密切结合，并逐渐使这种结合制度化和常态化。也就是说，企业文化每强调一个内容，都应该有员工跟进以后的激励方案和制度设计。

比如企业文化强调创新，就一定要设计好员工积极参与创新以后可能获得的奖励，不同类型、不同程度、不同方面的创新奖励全面跟进，这样员工也会全员跟进，时间久了，创新的氛围便形成了，创新的企业文化便建立起来了。

比如企业重视学习，就一定要设计好员工积极学习、不断提高、努力成才以后的晋升通道。努力学习者因为学习努力而获得不断的晋升成为一种制度，成为一种常态，成为一种氛围，则企业文化所强调的建立学习型组织便成功了。

空泛地谈企业文化落地，为了文化建设而文化宣传，不将企业文化建设与实际的员工收益相结合，则企业文化只能成为一纸空谈，即便员工表面上在执行，而实际上却早已将之"束之高阁"。心不动，行无果。

③为了便于企业文化落地，企业内部应该成立以民营企业家为首的"企业文化管理委员会"。

企业文化要落地，以上三个方面只是大的方向，而具体的工作还需要不同的企业结合自身的特点和企业战略发展的需要，进行更为细致的设计和安排。

而一旦企业文化落地，企业文化的功能便会表现出来，所以企业文化之功能是否发挥，也可以成为判断一个企业之企业文化是否已经落地的标准。

从共性的角度和比较成熟的看法分析企业文化的功能，在于五个方面，即凝聚功能、导向功能、约束功能、激励功能和融合功能。

在蒙牛集团的企业文化手册中，这样写道，"企业文化的基本功能是，能够使员工凝聚在一起，引导大家认同公司的目标，并把自己的人生追求与公司的目标相结合；培训员工理解公司的政策；调节个人与个人之间、个人与团队之间、个人与公司之间的相互利益关系"。

这段话说明了企业文化之凝聚功能、教育功能和改善人际关系功能的作用。

而实际上，蒙牛集团将企业文化的功能扩展成了十个方面，即导向功能、教育功能、凝聚功能、激励功能、约束功能、辐射功能、改善人际关系功能、规范企业形象功能、促进有效管理功能和提高经济绩效功能。

借助蒙牛集团的这种概括方法，可以对这些功能做进一步的分析和介绍。

其中，"导向功能"与战略设计和战略执行相结合，战略需要什么，企业文化就应该提倡什么；企业文化提倡什么，企业管理就需要重视什么。

"教育功能"传导的是企业的精神文化，精神文化是企业人员认识企业和企业认识外部环境的"世界观"，学习和坚持这种"世界观"有利于企业在思想上保持统一。

"凝聚功能"是企业文化的主要功能之一，它的主要作用是凝聚人心、吸引人才，形成合力。

企业文化的"激励功能"主要体现在精神奖励方面，这同时也是精神文化的特点，即强调人在精神方面的追求和作用。

"约束功能"强调的是对企业员工及各级管理者的行为指导，能做什么，不能做什么，应该做什么，不应该做什么，借助企业文化可以内化成人员的自我要求。

"辐射功能"或叫"融合功能"，是企业文化形成以后的示范作用，有了这样的示范作用，更好的思维方式、更好的习惯和更积极的想法可以得到快速传播，并在企业全员当中发挥作用。

"改善人际关系功能""规范企业形象功能""促进有效管理功能""提高经济绩效功能"体现在字面上，无须做过多解释。

（6）企业文化的灵魂有六大核心内容。

企业文化的灵魂是企业的精神文化，精神文化的主要内容是企业的核心价值观、企业发展使命、企业战略愿景、企业宗旨、企业精神和企业理念。

核心价值观是企业全员应该坚持的精神引领。

企业发展使命决定了企业要选择的发展道路。

企业战略愿景描述了企业的发展方向和目标。

企业宗旨可以确定相关利益方的利益分配格局。

企业精神是核心价值观的具体表现和在不同工作领域的细化。

企业理念是企业开展各项工作多层次的指导思想。

这六个方面的内容共同构成企业的精神文化，它是企业发展的柔性支持，是企业一切行动的思想动力，离开了这些思想动力的支持，则企业的一切行为都将是随意的、散乱的，无法形成强大的合力，不能稳定地、全面地发挥组织协同的作用。

（7）企业文化需要进行提炼和提升。

任何一家公司都会有其独属的企业文化。

不存在没有企业文化的公司。

但是，如果企业领导不重视整理企业文化，不组织专业人员进行梳理和提炼，则只会停留在企业家的头脑里，散乱地分布在企业管理的碎片中。

那么，即使有企业文化，也形同于无。

所以说，企业文化一旦生成，必须即时整理、认真提炼，并在既有的基础上，继续提升，以使之不断成熟。

当然，成熟的企业文化也不是一成不变的，它也存在一个随着时代、环境、企业实际情况变化而变革的过程。

9.4　企业文化的建构过程

成熟的企业需要提炼企业文化，初创企业需要构建企业文化发展的框架，这是有志于大发展的民营企业必须要做的事情。

（1）成立企业文化领导机构与日常管理组织。

民营企业之企业文化提炼和构建的第一步是成立"企业文化领导管理委员会"，企业老板必须亲自负责领导这个委员会。

在企业最高领导的推动下，企业文化领导管理委员会集体对关于企业文化管理的事项进行决策，由人力资源部门负责协调与推进，各个部门经理要担当第一执行人的角色。

（2）提炼精神文化的内容。

在企业老板领导下，在专业人士的指导下，公司要组织全体核心员工共创精神文化，梳理和提炼企业精神文化六要素的内容。

对于成熟企业而言，这一步工作是梳理既有的精神文化内容，提炼公司的企业使命、企业愿景、企业宗旨、核心价值观、企业精神和企业理念，并在此基础上构建完整的企业管理理念体系。

对于初创企业而言，这一步工作是界定企业精神文化之走向，初步提出企业发展的理念，试行提出企业发展的愿景和使命，并初步界定企业的宗旨和精神，精心选择可以指导企业发展的核心价值观。

在精神文化确定的过程中，除了全体高层人员参加外，还要广泛发动各级管理者和普通员工参与，要使企业文化的设计与企业文化的初步宣传同步进行，并确保所设计与提炼的精神文化能够得到员工们的认同并后续使用。

在梳理和提炼精神文化时，要把握务实为主、兼顾务虚的原则，要确保所提出的精神文化六要素都具有实效性，要避免不切实际的口号和空谈。

（3）梳理和提炼亚文化。

企业文化设计的第三步是，基于精神文化落地的需要，分门别类地设计亚文化，也就是基础性工作理念。具体工作内容包括：

①面向各个部门负责人的亚文化（专属性、基础性工作理念）调研。

②面向企业高管团队以及各个总监的调研，调研内容为通用性基础工作理念。

③企业领导（老板）、企业高管、各个部门负责人共创企业基础性工作理念。

（4）设计表象文化。

企业文化设计的第四步是基于精神文化固化的需要，全面设计企业的表象文化。

分解这项工作：

第一步是进行企业的 VI 识别系统设计，这一步如果企业无法自行完成，可以外请专业人士或是专业公司帮助。

第二步是在 VI 识别系统的基础上，设计可以真实反映精神文化、制度文化和行为文化的"企业文化手册"。

第三步是在企业文化手册的基础上进行物质表象建设，要在企业办公楼、办公室、人员着装、对外宣传材料、办公用品、楼道、厂区、厂房等一切可以为外人所感知的事物上，装饰企业文化物质表象的内容，以充分发挥其对内引领和对外宣传的作用。

（5）全员培训和学习。

企业文化设计的第五步是，基于企业文化手册对全体员工进行培训，通过各种形式的学习让员工熟悉和掌握企业文化体系的全部内容。

在企业文化的宣讲过程中，最高领导要亲自进入课堂和会场，要亲自讲解企业文化的由来和用意，所有的高层领导都要全面参与企业文化的培训过程，要开展多种形式的宣传工作，要强化针对员工运用企业文化的正向激励作用，避免空谈口号，避免形式主义和走过场。

（6）制定配套政策。

为了确保企业文化能够切实落地，企业还要制定各种激励政策，"自上而下"地考虑员工所需，并根据员工的利益诉求选择企业文化落地的方法。

要确保企业文化有用、能用、管用，不要为了企业文化而企业文化。

（7）评估企业文化管理的效果。

在企业文化运行一段时间以后，要展开"自下而上"的企业文化评估工作，评价企业文化的落实情况和选出不适用的内容。然后据此强化应该强化的内容，修正不适用的内容，经过多次的评价、反思和完善，使企业文化逐渐走向成熟，并为全体员工所接受。

第10章

把握绩效，
管理人性

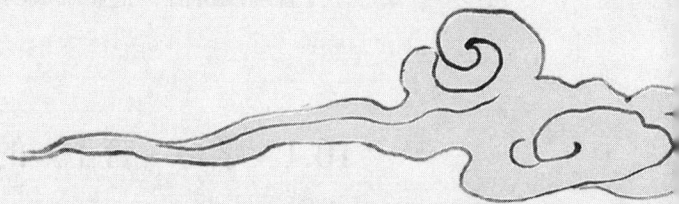

美国《商业周刊》很早以前的一项调查表明，现代企业成功的第一要素就是绩效管理。

为什么会有这样一个结论？

因为员工的绩效水平决定着人力资源价值的实现程度，而人力资源价值的实现程度又决定了企业的绩效产出。

可是，因为绩效管理工作在业务分工上归属于人力资源部门，而且只是人力资源管理工作的内容之一，所以多数民营企业家都只是把这项工作交由人力资源部门去做，而自己却并不十分关心。

对于民营企业而言，这是错误的行为。

细节可由人力资源部门去做。

但是，绩效管理的原则与方向，则必须由民营企业家亲自把握。

关注绩效，管理人性，这是民营企业家可以充分调动员工工作积极性的强大武器。

一定要用好它。

否则员工没绩效，企业无价值。

企业无绩效，管理没价值。

管理没价值，企业难成功。

10.1　学习《管子》的绩效观

对于绩效管理的内容，古代贤人早有论述，而其中最为经典的分析来自齐国名相管子。

《管子》一书中说，"凡牧民者，以其所积者食之，不可不审也。其积多者其食多，其积寡者其食寡，无积者不食。或有积而不食者，则民离上；有积多而食寡者，则民不力；有积寡而食多者，则民多诈；有无积而徒食者，则民偷幸；故离上、不力、多诈、偷幸，举事不成，应敌不用。故曰：察能授官，班禄赐予，使民之机也"。

管子在此要表达的思想是：

凡是管理人才，都要按照劳绩给予俸禄，这件事不可不慎重。

劳绩多的人给予俸禄多，劳绩少的人给予俸禄少，没有劳绩的就不要给予俸禄。

如果有的人有劳绩而没有禄赏，那么人们就会离心离德；劳绩多而俸禄少，人们就不会努力工作；劳绩少而俸禄多，人们就会弄虚作假；无劳绩而白得俸禄，人们就会贪图侥幸。

如果离心离德、不努力工作、弄虚作假、贪图侥幸，那么办事就不会成功，对敌作战也不会尽力。

因此，考察人的能力授予官职，按照劳绩差别赐予俸禄，这是治理人才的关键。

分析《管子》当中的这段话，实在是太经典了。

管子一方面在洞察人性的基础上分析了绩效管理工作的重要性，"凡牧民者，以其所积者食之，不可不审也"；另一方面又十分详细地讲解了绩效管理工作开展的原则与思路。

此外，他还十分详尽地描述了绩效管理不当的若干表现，如"离上、不力、多诈、偷幸"等，有了这样的一些表现，则会极大地降低组织的效率，会极大地影响领导者的威信，最终举事不成、应敌不用。

所以，结论是：察能授官，班禄赐予，使民之机也。

10.2　理解绩效管理的内涵

绩效管理很重要，古人很关心，今人更应当重视。

作为民营企业家，如果忽视了企业管理"三驾马车"当中的这一辆，那将使企业的运营建立在空虚之中，没有办法形成强大的战斗力。

绩效管理很重要，这一点可以成为民营企业家们的共识。

"绩效工资""末位淘汰""竞争上岗"，绩效管理似乎就是这些内容。正如同在这则故事中，群狼与狮子之间的生动演绎，似乎可以激起人们关于绩效管理的许多想象。

但实际上，以上这些内容只是绩效管理工作的一角。

"绩效工资""末位淘汰""竞争上岗"这些名词对应着绩效考核的工作设计，是绩效考核的主要内容，但却不是绩效管理的全部内容，甚至不是主要内容。

现代民营企业十家做绩效管理，八家会失败。

失败的八家当中有六家就是因为"错把绩效考核当作了绩效管理"，还有两家把它当成了"成本控制"的手段。

这些认识都是对企业绩效管理的误解。

那么到底什么是绩效管理呢？可以这样给它下一个定义，即：

"绩效管理"是为了实现企业战略发展愿景，通过承接企业战略目标体系，制订绩效计划，形成操作方案，借助绩效辅导、绩效沟通、绩效考核、绩效应用和绩效反馈，激励和帮助员工持续实现绩效业绩，并最终实现企业战略的一体化管理活动。

分解这个定义，可得如下几个要点：

第一，绩效管理必须联动战略管理，绩效管理的最终目标一定要为实现企业的战略目标服务，它要为企业的战略性发展解决动力与分配问题。

第二，战略管理是自上而下的绩效管理，绩效管理是自下而上的战略管理，它们之间的承接者就是目标管理。

第三，绩效管理是一个系统，它包含众多的工作环节，且这些环节缺一不可。

第四，绩效考核是绩效管理的工作内容之一，如果单纯地把绩效管理做成了单一的绩效考核，则这样的绩效管理工作一定不会成功。

第五，绩效管理工作的出发点是激励员工和帮助员工，而不是考核员工和监督员工，能够给予员工"内动力"的绩效管理是成功的，强调给予员工"外压力"的绩效管理容易失败。

第六，把绩效管理当作控制人力成本手段的想法完全不可取。

10.3 挖掘绩效管理的作用

如果独立地看待绩效管理的作用，它具体表现在三个方面，即对公司有利、对各级管理者有利和对员工有利。

基于这三种"有利"，最终可以推动企业向着更好的方向发展，从而达成一个"五好"目标，即：

①公司业绩更好；

②经理能力更好；

③员工士气更好；

④团队协作更好；

⑤经营发展更好。

绩效管理的本质应该是借助持续改善个人业绩和团队业绩来持续改善公司业绩，并在此基础上确保公司战略的执行和业务目标的实现。

这样做容易为员工所接受的原因在于，其所强调的首先是持续改善个人的业绩，强调改善个人业绩，支持改善个人业绩，帮助改善个人业绩，而不是直接倡导发展企业业绩。

结果是，个人业绩实现了，企业业绩也实现了。

这是一种自然而然的安排，它的思路是由小及大、由小而大、由小成大，如此。

如此安排，易为员工接受，非常现实，非常有效。

对各级管理者来说，绩效管理能帮助其规范管理思路，提高管理水平，减轻管理压力，通过建立自上而下、层层分解的目标体系，可以省却管理者诸多的原本烦琐的任务，使之可以有更多的精力去考虑战略执行方面的设计，可以考虑管理创新方面的尝试，可以有更多的时间整合信息资源并建立广泛的外部关系。

对员工来说，绩效管理通过绩效目标设定、绩效沟通、绩效辅导、绩效反馈等方式帮助员工持续改善个人业绩，使每名员工明确自己的工作重点、工作目标和工作方向，让员工以最有效的方式、尽最大努力来做"正确的事"，确保员工的工作行为及工作产出与组织的目标一致，并通过实施员工改善计划提升个人能力，从而帮助员工实现个人职业生涯发展。

合并绩效管理于公司、于管理者、于员工个人三个方面的作用，再进一步细化，可以概括如下：

第一，通过绩效管理，可以把公司的战略目标、经营目标转化为详尽的、可测量的、易操作的、能评价的、于管理者和员工都方便执行的标准。

第二，借助绩效指标体系的构建以及绩效计划的制订，可以将企业宏观的营运目标细化到员工的具体工作职责。

第三，借助量化的绩效指标，可以追踪公司内部跨部门、跨时段的绩效变化。

第四，通过绩效评价与绩效考核，可以帮助企业及时发现问题，并分析实际绩效表现达不到预期目标的各种原因。

第五，通过绩效沟通、绩效考核与绩效辅导，既可以对企业的关键能力和不足之处做到一目了然，又可以提出改进的措施和具体的修正办法。

第六，借助绩效考核与绩效反馈，可以为企业经营决策和执行结果的有效性提供有力的信息支持。

第七，借助团队绩效的设计，可以从根本上鼓励员工培养团队合作精神，打造团队合作的战斗力。

第八，完善的绩效计划与绩效评价体系，可以为制定和执行员工激励机制提供执行工具。

针对绩效管理工作之一的绩效考核工作，美国组织行为学家约翰·伊凡斯维其认为，单独绩效考核这一工作，即可以达到如下八个方面的目的：

①为员工的晋升、降职、调职和离职提供依据。

②为组织正确评价员工提供依据。

③对员工和团队对于组织的贡献进行评估。

④为员工的薪酬决策提供依据。

⑤对招聘选择和工作分配的决策进行评估。

⑥了解员工和团队的培训与教育需要。

⑦对培训和员工职业生涯规划效果的评估。

⑧对工作计划、预算评估和人力资源规划提供信息。

10.4 打好绩效管理的基础

民营企业要认真搞好绩效管理工作。

可是，很多民营企业做不好这项工作。

为什么？

原因很多，其中有四个比较常见，即：

①缺乏做好绩效管理工作的基础。

②没有正确认识绩效管理的本义。

③缺乏正确的理念支持。

④没有建立正确的运行程序。

针对第一类原因进行反向分析，可以看出，要做好绩效管理工作，民营企业应该具备如下基础：

（1）企业家高度重视绩效管理工作。

企业家的重视，不仅是绩效管理工作有效开展的基础，而且是绩效管理能够得以进行的前提。

如果没有民营企业家或其高层团队的重视或是亲自参与，绩效管理很难做成功甚至很难做下去。

为此，有志于建立高效企业绩效管理体系的民营企业家，必须树立正确的绩效管理理念，必须深入学习绩效管理的理论，必须带头掌握绩效管理的方法，并且还要亲自推动绩效管理体系的构建与运行。

他们的重视不应该仅是态度上的重视，而且应该是行动上的支持，自己参与、明确要求、强力推行、深度跟进、全程督导、不断完善，如此才可确保自己企业的绩效管理工作能够有序并且高效地运行。

（2）公司发展战略必须清晰。

之所以要进行绩效管理是因为要实现公司的战略目标，如果公司发展没有战略目标或是战略目标不清晰，则绩效管理活动就会迷失方向，无所适从。

事实上，对于没有战略目标的企业来说，开展绩效管理是没有意义的。

因为没有人知道自己前进的方向是否正确，没有人知道自己的目标是否能够达成，也没有人知道自己的努力是在加速成功还是在加速失败，更没有人知道企业的明天会怎样。

这种状态下的绩效管理其实就是一种考核方式而已，只是按照考核方式设计的绩效管理体系不可能发挥战略引导的功能，也不会有太多的正向激励作用。

（3）企业基础管理水平相对较高。

绩效管理是企业众多管理类别中的一个，而且不是独立的一个，它融于人力资源管理工作，联动企业的战略管理工作，需要借助企业管理的其他基础性管理工作体系方可发挥作用。

如果企业的基础管理体系不健全，决策与执行脱节，岗位与部门职责混乱，制度建设没有章法，薪酬体系随意设计，财务运行机制不规范，组织权力分配不合理，则绩效管理体系就不可能正常地运行，也不可能高效地发挥作用。

（4）公司的激励机制必须健全。

绩效管理成功与否，在很大程度上取决于激励机制是否健全，是否能够奖优罚劣，是否能够激励先进而鞭策后进。

如果对评价结果好的员工没有相应的奖励，对评价结果不好的员工没有处罚措施，员工干好干坏一个样，就会使绩效管理尤其是绩效考核变成搞形式、走过场，这样会挫伤员工工作积极性，破坏绩效管理的权威性，绩效考核不会受到员工的重视，提升绩效的目的也很难实现。

所以，只有将绩效考核的结果与员工的晋升、提薪、奖励、培训相挂钩，如此方可调动员工的积极性，才能使公司的整体绩效得以提升。

（5）企业有比较完备的管理信息系统。

绩效管理的一个主要特点同时也是对它的核心要求，那就是量化。

评价指标要量化，考核指标要量化，绩效计划要量化，各种指标体系都要力争量化。

量化以后所形成的各种指标，在具体的绩效管理过程中，会生成大量的信息和数据，这些信息和数据是进行绩效考核和绩效提升的主要依据，离此不行、非此不可，必须完备。

如此，为了有效地开展绩效管理工作，企业就必须要建立完备的信息管理系统，需要在事前、事中与事后，全程跟踪和配合绩效管理各项工作的开展与推进。

10.5　坚守绩效管理的原则

绩效管理工作既具有刚性的特点，又兼有柔性的要求。

其中，刚性的特点更为突出。

为此，绩效管理操作者在实际工作过程中需要坚持五个方面的原则，它们分别是：

①公开性原则；

②客观性原则；

③差别性原则；

④常规性原则；

⑤开放沟通原则。

（1）公开性原则。

公开性原则是指，在企业绩效管理过程中，绩效计划指标、考核评价指标、绩效辅导流程、绩效沟通方式、绩效评价结果、绩效考核方法、绩效反馈程序等，都要在企业内部对全员公开。

借助公开实现公平，借助透明获取信任。

只有赢得员工的信任以后，绩效管理工作的开展才有可能变得顺利。

（2）客观性原则。

客观性原则是指在选取绩效评价指标时，一定要以企业的实际需要和客观事物的发生规律为依据，绝不能主观想象，也不能因部门、因人、因关系而设定。

在绩效管理的过程中，无论是对员工的工作评价，还是与员工因工作方法和业绩进行的沟通，再或者是对于员工绩效的信息采集，都要把持客观性的原则，要避免主观臆断和个人情感因素的影响。

在绩效管理的后期，主要是对员工进行绩效考核时，一定要依据员工的真实表现并参考员工绩效发生的原始数据进行，绝对不能掺入管理者对员工的既成看法，也不可以为了获取某种评价结果而去更改数据，更不能发表与实际考核结果完全背离的论断。

（3）差别性原则。

在企业管理体系中，人员有不同的分工。

因为不同的分工，可以形成诸多的分类。

因为分工分类所形成的不同特点与不同要求，在绩效管理过程中，尤其是在绩效评价指标设计时，一定要做区别对待。

此外，即便是同一类人员，也会因为工作内容的不完全一样，而需要在指标选取时必须体现出其细微的差别。

（4）常规性原则。

绩效管理是一个系统活动，这一活动的系统性除了要求企业全员参与外，还要体现其活动自身的即时性。

也就是说，绩效管理作为人力资源管理工作的核心内容，它必须具有常规性和常态化的特点。

为此，要把绩效辅导、绩效沟通、绩效评价、绩效提升、绩效反馈等工作环节做常态化的安排，并使之成为日常工作及日常管理工作的重要内容。

（5）开放沟通原则。

绩效管理的成败有诸多的影响因素，而在这些因素当中，尤其重要的一个是企业内部沟通机制的建立。

也就是说，看一个企业绩效管理成功与否，很重要的一个视角是看其是否坚持了开放沟通原则。

有了这样的原则，考核者与被考核者能够时刻沟通，则可以解决和弥补被考核者于工作中存在的各种问题和不足。

知不足而改，知不足而助改，这样便可以避免最后考核之时，想改已无法改的局面。

此外，有了这样的绩效沟通，还可以避免企业的绩效管理最终只成为绩效考核的工具。

通过事前的沟通明确方向与路径，借助事中的沟通提高能力和寻找方法，绩效考核结果的反馈沟通又能帮助员工查找不足、总结经验，以便来日可以更好地工作。

这样的系列过程，才是绩效管理的真正用意所在。

有了这样的开放沟通过程，才能最终实现绩效管理于企业发展及员工进步过程中的最大功效。

10.6　明确绩效管理的要求

绩效管理要达成预期之目标，除了必须坚持以上五个原则外，还要明确以下七个方面的要求，即：

①全员参与；

②目标落地；

③注重过程；

④体系完整；

⑤达成共识；

⑥业绩与态度并重；

⑦过程与结果统一。

（1）全员参与。

绩效管理工作是企业的基础性工作，是与企业全员收益关系最为密切的工作。

无论是企业的高层领导，还是企业的基层员工，他们的工资、奖金、补贴、其他各种收入就都要与企业的绩效管理工作尤其是绩效考核工作联系在一起。

企业全体人员，不分职位高低，都要参与绩效管理各个环节的工作，一个也不能少。

（2）目标落地。

为了便于执行，绩效目标一定要量化，定量细分才便于目标落地。

在绩效管理阶段，要把细分的目标体系转为可以操作的绩效指标体系，然后借助明确的目标责任书和绩效计划书，明确责任、目标落地，有人分配、有人负责、有人实现、有人考核，环环相扣、节节相连，绩效实施、绩效实现。

任务落实到人、要求落实到岗、岗岗责任明确、人人履行承诺，这是绩效管理工作的基础性要求。

（3）注重过程。

绩效管理工作虽然是目标导向，但并不等于不重视过程。

事实上，过程产生结果，如果没有运转正常且高效的过程，也难以得到令人满意的结果。

绩效管理过程的重要性体现在绩效管理工作各个环节的联动性，以及目标跟踪、过程管理、全程辅导、及时反馈的一体性。

在过程中，各级管理者的作用十分重要，他们应该成为员工的绩效伙伴、绩效教练和绩效公证员。各级管理者要在部属绩效实现过程中，鼓舞士气、实施培训、予以激励、有效沟通、合理授权、提供帮助、检查监督、指导改进。

这样注重过程管理，员工的绩效和企业的绩效才能更好地对接，各种目标才能完整地实现。

绩效实现过程有时比结果更重要。

（4）体系完整。

绩效管理是一个系统性的活动，因此它必须有完整的体系作为支撑。

绩效管理体系的实施是一个闭环，绩效计划—绩效实施—绩效辅导—绩效考核—绩效反馈—绩效提升，各项工作之间环环相扣、相辅相成。

这样，承接了企业战略目标的绩效管理工作，操作有流程、管理有制度、执行有专人、责权利对等，最终可以帮助企业顺利实现战略目标，完成战略管理任务。

体系完整的要点就在于各个工作环节的完善，以及相互之间的促进与支持。

（5）达成共识。

统一行动是绩效管理的内在要求，发自内心地与企业保持一致是管理者对员工的最高愿望，而要实现这一点，必须自绩效管理的源头就让员工参与绩效计划的设计和绩效指标的选取，确保领导与员工之间，员工与企业之间可以达成思想上、理念上、认识上和行动上的共识。

如果不让员工参与绩效计划的制订，不让员工参与绩效考核方法的选择，只是让他们被动地接受绩效任务，被动地听从绩效考核，则其必然会有抵触情绪，会有消极不作为的行动，这样极其不利于激发其工作的主动性和创造性，如此，也就会使绩效管理的效果大打折扣。

只有从员工到领导都能正确地理解和接受工作目标、达成共识，绩效管理工作才能高效开展，各种绩效目标才能最终实现。

（6）业绩与态度并重。

绩效考核，既要考察一段时间内员工可以量化的业绩，还要考核其完成工作过程中所表现出来的态度以及应该具备的素质。

业绩考核考核的是工作结果，态度考核考核的是工作效果，态度端正、方法得当，则结果与效果都会良好。

为此，企业在设计绩效考核体系的时候，要将业绩考核指标和态度考核指标同时考虑在内，并要对两类指标的比例进行不同的权重设计。

（7）过程与结果统一。

提到绩效，往往涉及两个名词：绩效考核和绩效管理。

绩效考核的作用通常是作为标尺，衡量大家的业绩，从而进行绩效奖惩。

绩效管理则是一个过程，在整个管理环节中，通过管理者与下属的沟通反馈，改进与提升员工的业绩。

绩效考核与绩效管理的区别在于，前者是以考核的结果为重，而后者则是重在考核过程中的沟通与反馈。

为了让绩效管理真正给企业带来高业绩，就必须做到结果与过程之间的统一：既在管理过程中强调结果，又注重过程中的沟通与反馈。

只有将考核的过程管理好，才能在考核的结果中得到高绩效。

10.7　界定绩效管理的理念

基于前述六个方面的分析，我们深知绩效管理是什么，它与人力资源管理之间是一种什么样的关系，它具有怎样的功能与作用，它的基础是什么，它的要求是什么。

将这些已知内容进行概括和整理，便可以得出绩效管理的八个理念，它们是绩效管理工作得以正确开展的指导思想。

（1）绩效管理要为人力资源管理和企业战略服务。

企业必须以整体战略眼光来构筑整个人力资源管理体系，让绩效管理与人力资源管理的其他环节（如培训开发、管理沟通、岗位轮换、晋升等等）相互联结、相互促进。

此外，企业战略发展需要什么，绩效管理便要重视什么，不能为了绩效管理而绩效管理。

（2）绩效管理的出发点必须是以增加员工收益为前提。

绩效管理的出发点必须是以增加员工收益为前提，而不能以人工成本控制为出发点。

无数采用绩效管理的民营企业发展案例表明，成功的企业绩效管理一定会让员工获利，而失败的企业绩效管理则以"以减少员工收益"作为这项工作的前提。

这个道理很简单，水涨则船高，水永远高不过船；无水则船停，船永远离不开水。

当企业所有员工在绩效管理体系推动下都增加了收入时，企业的利润一定会随之而大大地增加，员工收益增加得越多，企业获益就会越多。

相反，当人们算计水而使之减少时，船就逐渐搁浅了，当员工们不能获利时，企业也就慢慢倒闭了。

（3）绩效管理的目的在于帮助员工和组织一起成长。

成功的绩效管理之所以成功是因为它们的出发点是帮助员工成功，员工们都成功之时，就是企业组织大成功之际。

这样的思想自古就是成功领导的指导理念，它也应该成为现代企业家尤其是有志于获得大成功的民营企业家必须遵守的法则。

（4）绩效管理应该是一个预做安排的系统工程。

绩效管理是个系统工程，从公司年度绩效目标的制定与分解，到各部门、各岗位绩效计划的制订与实施，以及运行过程中的绩效沟通与辅导、绩效考核方式、方法、权重和原则的选择，绩效结果的应用、面谈、反馈等，所有这些内容都要做预先设计，各个工作环节的要求与操作程序都要提前做好系统化的安排。

有的企业在出现问题的时候才想起绩效管理，并仓促地制定绩效考核体系，这样"临渴掘井"的做法，缺乏预先设计和精密安排，会让员工无所适从，不知道应该如何准备，也不知道应该如何努力，组织因此很难从绩效管理的工作中得到更多正向力的支持。

（5）绩效管理的价值在于绩效计划基础上的绩效行动。

设定一个员工经过努力可以达到的指标值，并形成绩效计划。

然后，帮助员工制订达成目标的行动计划，从而实现绩效目标，是绩效管理的价值所在。

很多企业在绩效管理过程中没有制订绩效计划，这显然是不合适的，因为绩效计划既是对绩效目标的分解，同时也是如何做好绩效管理的路径。

缺少了这一环，企业的绩效管理工作要么就如同无头的苍蝇到处乱飞，肯定会碰壁，甚至会碰得头破血流；要么就是秋后算账，不重过程，只看结果，忽视绩效管理的其他工作环节，而只重视绩效考核这一项工作。

（6）绩效沟通决定绩效成败。

绩效管理有六大工作环节，说起来都重要，但是其中最为重要的一项工作还是绩效沟通，这种沟通包括事前的绩效计划沟通、事中的绩效辅导沟通和事后的绩效考核反馈等。

很多企业的绩效管理之所以不被经理和员工接受，很重要的原因就是企业高层领导与各级管理者之间，以及各级管理者与全体员工之间缺乏有效和持续的沟通。

离开了沟通，上一级管理者任何单方面的行动和决定都将影响员工的工作热情，从而影响绩效管理的进程，并最终降低绩效管理体系效用的发挥。

要想做好绩效管理工作，首先要通过沟通解除存于各级管理者心中的障碍，使他们愿意按绩效管理的思想去管理员工的绩效，愿意与员工及时沟通并帮助员工提高绩效能力和绩效水平。

如果在绩效管理过程中，企业与员工之间有了隔阂，被考核者对制定的绩效目标感到不合理，对管理者的绩效辅导感到不满意，对绩效考核的结果感到不公平，等等。这时，考核者就需要针对这些问题与被考核者进行沟通、沟通、再沟通，通过充分的沟通和全面的交流达成共识，以在沟通中实现员工和组织的绩效改善。

绩效沟通不是在一开始，也不是在绩效考核结束之后，而是贯穿整个绩效管理的流程。

在沟通过程中，各级管理者不是训导员，不是批评家，而是辅导员和合作伙伴。他们通过沟通可以获取绩效信息，可以帮助员工不断清除障碍，为他们提供资源和支持，以便使员工和企业都能获取更高的绩效。

（7）绩效管理必须有理有据。

很多企业在做绩效管理工作时，不注意信息的采集和数据的积累，这样每一个工作环节的信息缺失，都会影响下一个工作环节的顺利进行，同时，也会因为原始数据的缺乏而使很多环节的工作失去客观性。

比如，为给员工的某一项指标确定一个考核等级，由于没有业绩档案可供依循，能做的也许只是一些估计和平衡。估计这个人做得不错，就打个高分，和某个人平时关系很好，就平衡一下，也打个高分。当然，那些得高分的不会怪你，但那些考核得分不算很高的人，你不能保证他们不来找你理论，找你讨说法，当他们真的冲到你的办公室质问你为什么给他们打分那么低时，你将如何应对？

绩效考核结束之后，经理必须与员工进行面对面的绩效沟通，将他们的绩效表现以及对他们的绩效评价摊到桌面上，与之进行真诚的沟通，给那些愤怒的员工一个合理的交代，让他们愤怒而来，服气离开，而要做到这些，你就必须为员工建立完善的业绩档案。

通过建立业绩档案，你可以保留员工完整的绩效表现记录，积极的表现和消极的表现都要记录在案，特别重大的消极表现还要请员工签字确认，以免在以后的考核中发生不认账的情况，这些看起来也许麻烦，也许烦琐，但麻烦事做在前面，后面就可以没有麻烦。

（8）绩效管理永远没有最好。

绩效管理是一个渐进的动态管理过程，需要不断完善和不断因时调节。

一成不变的绩效管理体系和一劳永逸的绩效指标设计，无法满足企业战略性发展的动态需要。

跟随着绩效管理的完善进程，还应该设计一份事关绩效管理满意度的调查分析表，以让员工有路径可以不断地提出意见。企业管理层通过汇总分析员工的意见和建议，可以找出绩效管理中存在的薄弱环节和改进的方向，从而可以制订有针对性的具有建设性的改进计划和改进方案，以推动绩效管理能够更好地发挥更大的作用。

10.8　完善绩效管理的过程

为了更有利于企业进行实际的操作，可以将绩效管理工作的全部过程细化成 11 个具体的工作步骤。

（1）成立绩效管理领导委员会。

绩效管理工作的第一步是成立企业的绩效管理领导委员会，其成员应该包括企业家、企业的高层领导、人力资源部门、各业务部门的领导、外部专家等。

与战略管理指导委员会一样，在这个领导机构中，必须设立一个专门的副总经理，由他主要负责绩效管理工作的全面实施；企业的一把手必须亲自领导并参与绩效管理工作的全过程；人力资源部门承担办公室的职责，并要发挥主要组织者的作用；外部专家非常关键，他们必须是专业人士，而且要深度参与绩效管理体系的设计工作；各个业务部门是绩效管理的主体，它们除了在人力资源部门的配合下开展好绩效考核的工作外，还要承担起完成绩效计划、绩效辅导、绩效实施、绩效沟通、绩效反馈等方面的任务。

（2）深度解读企业战略。

绩效管理作为企业战略实施效果的实现手段，必须全面反映企业的战略意图，任何偏离企业战略的绩效管理最终都将失败。

要保证绩效管理反映企业的战略意图，首先要吃透企业的战略目标及其具体安排，这是下一步优化绩效指标和绩效管理流程的基础和源头。

没有进行战略谋划，而又有意于进行绩效管理的企业，必须先回头把战略管理的"功课"补上，然后再去研究绩效管理指标如何设计。

如果没有战略谋划，也没有深入分析企业战略，则绩效管理的工作将无法展开，即便有所行动，也不会有太大作用。

（3）确定指标形成的程序与方法。

深度解读公司战略以后，接下来的工作是运用公司战略分解法将公司三层次的战略目标体系逐层分解为绩效考核指标，这个转化过程可以按照纵向顺序分为三步：

第一步，在总体战略解读的基础上，在绩效管理领导委员会的主持下，公司要召开绩效管理评价会议，要分析在整个公司层级上有哪些成功的关键因素，要将这些关键因素仔细整理并按重要性进行排序。

第二步，在单个部门层级上，要考虑有哪些影响成功的关键因素，某个具体的部门能做出哪些贡献，要把这些贡献内容按重要程度进行排序，并把位置靠前的贡献内容用绩效指标进行匹配，如此可以得到部门考核的关键指标。这一步工作可以使用部门职责分析和工作流程分析的方法完成。

第三步，在单个职位层级，要考虑某个职位在完成部门贡献时必须输出哪些关键的工作成果，并匹配以岗位绩效指标。这一步可以使用岗位职责分析的方法完成，同时也要兼顾每个岗位工作中可能遇到的特殊问题。

（4）基于岗位职责形成岗位说明书，基于岗位说明书制订绩效计划。

各级管理人员应在人力资源部的配合下，基于部门目标与计划，与员工就其岗位职责进行充分沟通和讨论。在取得共识后，明确主要业绩指标、能力指标、态度指标、考核标准和考核方法，形成岗位说明书，交人力资源部备案，作为本年度考核的依据，并基于此制定岗位绩效计划。

（5）制订每个员工的个人工作计划和绩效提升计划。

在制订个人工作计划时，应遵循如下步骤：

员工依据当年的岗位职责和工作绩效考核指标，在绩效计划的指导下，确定自己的年度计划、各季度计划和月及周的工作计划；

管理人员对下属员工的个人工作计划进行审查，根据部门工作计划对其下属员工的个人工作计划进行必要的调整；

管理人员与员工对工作计划进行详细讨论，充分沟通意见，计划最终需由管理人员和员工共同确认。

在制订个人绩效提升计划时，应遵循如下步骤：

结合上一年度员工绩效考核的结果及本年度员工的个人工作目标，分析员工在工作能力和工作态度方面需要改进的方面；

针对以上需要改进的方面，确定本年度发展目标；

细分年度发展目标到季、到月、到周；

明确达到发展目标所需资源、所需培训学习及其他相关条件；

形成细致的行动计划。

（6）定期考核与绩效辅导。

管理人员依照绩效计划、绩效考核指标定期对员工每周的任务完成情况进行考核和评价，周考核以评价分析计划完成情况为重点。在此基础上，管理人员要展开有针对性的绩效辅导工作，工作内容主要包括：与员工共同确认计划完成的比例，分析没有完成计划部分的原因，找出进一步工作过程中可能存在的问题和困难，提出拟采取的修正行动，并分析下一步的工作还需要什么条件支持。

把每周的评议结果汇总，形成月度考核报告，然后将考核情况上报人力资源部，作为年中及年末绩效考核的依据。

在绩效考核过程中，企业要根据自身的具体情况选择不同岗位的考核方法。在考核主体上，要以直接上级考核为主，横向领导参与考核为辅。不同的绩效指标需要有不同的考核周期，客观性指标考核周期应该短一些，主观性指标考核周期则相对要长一些。不同的考核对象其考核周期应有所区别，其中，生产人员和专业技术人员的考核周期要短一些，一般按月考核；销售人员和管理人员的考核周期要长一些，一般按季度考核；中高层管理人员可以按季度考核，也可以按年度考核；项目员工可以根据项目的时间确定考核周期。此外，考核的流程应尽量简单，易于操作。

（7）绩效反馈与沟通指导。

绩效反馈与沟通指导，是绩效管理的重心所在，其本质目的在于促进员工发展和绩效改进。对于阶段性的考评结果，由管理人员和员工约定反馈周期，并按时将考核结果反馈给员工。

在此过程中，管理人员应该及时将考核结果提供给员工；员工有权力对考核结果提出自己的意见；对于存在分歧的地方双方应该及时沟通；双方还要共同分析成功与失败的经验与教训。

在进行绩效反馈沟通时要把握如下几个原则：

①及时反馈　要有时效性。

②具体反馈　切忌泛泛而谈。

③重点突出　针对性强。

④就事论事　保持客观。

⑤着眼未来　而非过去。

⑥双向沟通　注意聆听对方想法。

在进行绩效反馈沟通时，各级管理人员要把握如下一些技巧：

绩效考评者要做好充分准备，要全面掌握员工的绩效计划、职位说明书、绩效考评表、绩效档案，要安排好面谈的时间和地点。

双方要共同营造融洽的沟通氛围，要选择在一个无打扰的环境中进行，在这个过程中不应该被电话和外来人员打断；管理者与员工要建立融洽的关系，不要让员工觉得有压力，比如在正式沟通之前，可以先谈谈与反馈内容无关的话题，以拉近彼此的距离。

正面反馈时，双方要坦诚沟通，不可过于谦逊，更不可夸大其词；对员工所做的某件事可以有针对性地提出具体的表扬；要给员工提出一些建设性的改进意见。

反面反馈时，应该具体描述员工存在的不足，对事不对人，描述而不作判断；客观、准确、不指责地描述员工行为所带来的后果；要以聆听的态度听取员工本人的看法；要与员工探讨下一步的改进措施。

在面谈的过程中，管理者要注意观察员工的情绪，要适时进行有针对性的调整，要确保面谈可以按计划稳步进行；要注意全身心地倾听，鼓励员工多说多谈；在面谈结束之后，要形成双方认可的备忘录；对没有达成共识的问题，可以约好下次面谈的时间，以进行二次面谈。

（8）年度考核。

年度考核是绩效考核的重点，它应该包括能力考核、态度考核和工作业绩考核三个方面，且业务人员和职能部门人员三个部分的权重各不相同。

根据累计的考核结果对员工的能力、态度、工作业绩三个方面进行打分；业绩考评中的岗位关键绩效指标（KPI）由主管上级直接打分，工作计划完成指标由工作周计划完成情况统计而来；员工的能力和态度指标的考核者，依据工作关系图确定。

（9）考核结果讨论。

绩效考核讨论会上管理人员和员工共同讨论在全年工作中取得进步和需要改进的方面，讨论的重点是员工对考核结果持有异议的地方，并共同对今后如何改进绩效达成共识。

员工对年度工作表现进行自我总结；管理人员对员工全年工作进行评价；就评价结果与员工进行沟通；管理人员指导员工确定下一年度的工作和个人发展目标，并得到管理人员的确认。

（10）考核结果应用。

年度绩效评估完成后，要基于考核结果对员工给予年终奖励。奖励分为年度奖金、晋升工资、晋升级别和特别奖金等多种方式。员工每季的考评得分与季度奖挂钩，员工的年度考评得分与年终奖挂钩。对绩效考核优的员工，可提高其薪酬等级；对绩效考核差的员工，可根据具体情况，对其进行降薪处理。根据考评结果对确实不能胜任工作的员工，可依法定程序终止劳动关系，并在内部进行通报，以达到"惩一戒百""惩前毖后"的效果。通过对员工在一定时期的连续绩效分析，选出绩效较好、较稳定的员工作为公司晋升培养对象。

要通过有效的绩效管理，形成优胜劣汰的激励机制，不断激励员工提升自我的能力水平，从而提高企业员工的整体素质。

若选拔出来的优秀人才实际绩效考核结果很好，那就说明招聘或选拔是有效的；反之，就说明要么是招聘或选拔不够有效，要么就是考核结果有问题。

若培训之后一段时期内，员工绩效水平得到提高，说明培训发挥了一定的作用，否则就说明培训没有取得预期结果。

（11）建立绩效考核的审查与申诉系统。

企业的高层管理者应该对所有的绩效评价结果进行某种形式的审查，同时应当建立一种允许员工对他们认为不公正的评价结果做出申诉的系统。也就是说，在评价结果最终决定前，员工有权利通过书面的或口头的方式对其自身的评价结果进行回顾和评论，企业要为员工建立正式的申诉渠道。

第11章

团队优先，
和而不同

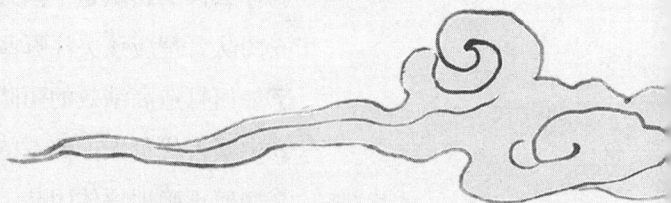

民营企业家是社会上比较有能力的群体，可是他们的能力毕竟有限，所以需要整合团队。

作为一个领导者，民营企业家应该具备多种能力，前面我们已经对此做过分析，而其中最重要的一个能力就是整合人才为之所用。

多一些人凑在一起，心往一处想，劲儿往一处使，这样才可以做成事。

无论是小事，还是大事，都应该如此。

这就是团队的力量和特点。

团队运作对于民营企业管理之重要，无须证明。

很多民营企业家使用团队管理的方式经营企业和激励人才，这一点非常值得肯定。

为了更加清楚地了解团队和更加精确地运用团队，民营企业家和各级管理者们应该重点思考如下一些问题：

①什么是团队？

②为什么需要团队？

③高效团队应该有什么特点？

④为什么会存在低效团队？

⑤什么样的团队是中国式的好团队？

⑥团队管理应该关注哪些方面的内容？

⑦如何打造高绩效的团队？

⑧中国古代贤人如何看待团队管理？

⑨如何正确地评估团队？

11.1　正确认知团队

在英语当中，团队是 team。

如果将这个单词的字母进行分拆作为其他单词的首字母，可以另外联接四个单词，即一起（together）、每个人（everyone）、获得（achieve）、更多（more）。

如果将这四个单词合到一起视为一句话再翻译成中文，意思是"每个人在一起将会获得更多"，这就是团队英语单词的中式解读。

此外，这些人为什么会在一起呢，因为他们有一个共同的目标（goal）。

Goal 就是方向。

经上分析可知，"团队"是为了实现一个共同的目标并能增加个人收益而在一起共同工作的一群人。

或者说，"团队"就是一群有着共同目标，通过合理分工，并以协同合作方式达成高效配合的人群。

团队首先是一个人群，这个人群最少数量可以是两个人。

在中国古代历史上这样的团队很多，如周文王和姜太公、秦孝公和商鞅、齐桓公和管仲、刘备和诸葛亮、秦惠王和张仪等。

这个人群的数量也可以很大，最大数量的团队就是企业整体，企业无论规模大小，都是一个自成体系的完整的团队。

当然，为了便于管理，一个团队的人数以十人左右最为理想，过大的团队可以再分，这样可以保证团队管理的控制力和影响力。

团队需要明确共同的目标。

共同目标就是共同的利益基础，没有了这样的利益基础，则无法满足人们趋利避害的需求，没有需求的一群人在一起不可能建成高效的团队。

为了更好地实现团队的共同目标，还需要精准地分解个人目标，并建立个人的目标绩效考核体系。

有了这样的考核体系，个人才有主动实现其目标的意愿。

当每个人都愿意实现其个体目标时，团队的共同目标才能够实现。

团队内部要进行合理分工。

团队是一个人群，这些人在一起不能都做完全相同的事，否则成立团队就失去了意义。

为了全面调动成员的工作积极性，充分发挥每个成员的长处，团队内部要根据成员的能力、特长、兴趣等进行分工。

对于关键岗位，多人胜任的职位，还要设立竞争上岗的机制。

团队成员要协同合作。

团队成员必须协同合作，"勠力同心"，这是组建团队的出发点。

团队成员的协同首先要建立制度保障，也就是要以制度协同为主；其次强调主动协同，在主动协同的过程中，既要强调有利，还要强调有情。

既重利又看重情的团队才是真正意义上的优秀团队。

下面是一则可以说明"协同"之于团队重要性的小故事。

从前，有两个饥饿的人得到了一位长者的恩赐：一根鱼竿和一篓鲜活硕大的鱼。其中，一个人要了一篓鱼，另一个人要了一根鱼竿，于是他们分道扬镳了。得到鱼的人原地就用干柴搭起篝火煮起了鱼，他狼吞虎咽，还没有品出鲜鱼的肉香，转瞬间，连鱼带汤就被他吃了个精光，几天后，他便饿死在空空的鱼篓旁。另一个人则提着鱼竿继续忍饥挨饿，一步步艰难地向海边走去，可当他已经看到不远处那片蔚蓝色的海洋时，他浑身的最后一点力气也用完了。

又有两个饥饿的人，他们同样得到了长者恩赐的一根鱼竿和一篓鱼。只是他们并没有各奔东西，而是商定共同去找寻大海，他俩每次只煮一条鱼，经过遥远的跋涉，来到了海边。从此，两人开始了捕鱼为生的日子，几年后，他们盖起了房子，有了各自的家庭、子女，有了自己建造的渔船，过上了幸福安康的生活。

这则小故事说明了几个道理，即：

①一个人只顾自己眼前的利益，得到的终将是短暂的欢愉。

②一个人目标高远，也有无助的时候。

③多个人的配合会产生不一样的效果，可以共同生存。

④团队协同可以确保每个人都能够得到发展。

团队整体要高效配合。

"能否高效配合"是判断一个团队是否真正建成的重要标准，也是判断一个团队是否为高效团队的重要条件。

为了达成团队的高效配合，每个成员都要以大局为重，都要以相互支持为荣。

孔子在《论语》当中有两句话表达了他的团队观，即：

"君子和而不同，小人同而不和。"

"君子周而不比，小人比而不周。"

其中，"君子周而不比，小人比而不周"的意思是说，"君子团结而不勾结，小人勾结而不团结"。

"团结"者，团队追求之重要目标也。

但是"团结"很难，"勾结"相对容易。

如何克服"不团结"而"乐于勾结"的难题呢？

孔子给出的方法也含在这句话中，"君子周而不比，小人比而不周"，要做到"周而不比"，需是"君子"。

团队在选择成员时选择"君子"，并通过一定的程序把"近于君子"的成员培养成"君子"，或是让小人无法做"不君子"的事，则"团结"可以实现。

此外，孔子又说，"礼之用，和为贵"。

"礼"是什么？"礼"就是规范；规范是什么？规范就是人人都要遵守

的行事风范，既然人人都要遵守相同的规范，则可保团队成员一致行动，团队成员能够一致行动就可生成"团结"的局面。

不过，"团结"可不是一团"和气"，没有差异，人人都是"老好人"，事事都是大好事。

所以，孔子说"君子和而不同，小人同而不和"，意即团队组织要在总体方向保持和谐的前提下，允许团队个体成员拥有自己的主张，拥有自己的个性，拥有自己能力伸展的空间与平台。

关于这一点，百事可乐的总裁卢英德认为，"百事可乐的管理风格是，在上下沟通顺畅的环境里，充分发挥每一个人的创造性，使大家愉快地在一起工作，彼此将对方看作亲密的伙伴"。

她要表达的正是这层意思。

再者，要保持"团结"，"公正"也很重要。

团队当中如果没有"公正"，则"团结"难以实现。

如何确保团队的"公正"呢？孔子给出了方法，即"举直错诸枉，则民服；举枉错诸直，则民不服"，意思是说，选用正直的人，让他们居于不正直的人之上，这样大家就服了。

相反地，如果选用了不正直的人，让他们居于正直之人的上位，则大家就很难服从了。

经过以上对儒家思想的分析，不仅可知团队就是"君子周而不比""和而不同"的一个人群，而且还可以知道打造优秀团队的基础是"礼之用"，确保团队团结的方法是"举直错诸枉"。

除了以上所述外，我们还认为：

企业采用团队的原因有四个：一是创造团结精神；二是给人才以有效的合作平台；三是协助高层工作，使之集中精力进行战略性思考；四是提高决策质量和速度。

维持一个团队有效运转必须具备四个条件：一是团队活力；二是控制系统；三是专业知识；四是团队影响力。

成功的团队管理关键在于四个方面：一是依能授权；二是相互尊重；三是技能互补；四是具有创新精神。

11.2 积极重视团队

民营企业家为什么需要团队？民营企业为什么要重视团队？从团队自身看，是因为它有众多的可以促进个人和企业更好地发展的优点，这些优点可以概括为十个方面：

（1）团队组织可以确保人员能够明确分工、各尽所能、各司其职、各负其责，并因此使人尽其才、才尽其用、各展所长、相互照应。

（2）团队组织可以促成成员之间相互配合、彼此合作、齐心协力，提高效率，创造效益。

（3）团队组织可以共同承担责任，可以共同面对压力。

（4）在团队组织中，可以充分发挥每个人的专长，在团队成员的配合下，每个成员都可以专于一技，从而实现其专业化和职业化发展的目标。

（5）因为团队成员所形成的合力，使团队在处理问题时可以有更大和更多的创造力。

（6）在团队组织中，因为成员的多元化，所以使得团队领导有更灵活地分派工作的能力。正如韩非子所说，"夫物者有所宜，材者有所施，各处其宜，故上下无为。使鸡司夜，令狸执鼠，皆用其能，上乃无事"。

（7）基于团队合作，可以更加迅速地应对变革。

（8）"众人拾柴火焰高"，基于团队成员的共同努力，可以更有效地进行决策，并确保决策正确。

（9）因为团队的紧密性，所以有助于人员之间的沟通。

（10）在团队组织中，成员之间可以交叉培训，共同进步。

11.3　打造高效团队

高效团队具有很多特点，我们总结了九个方面，并把它们视为民营企业打造高绩效团队的"路径"。

（1）团队目标与个体目标要融合。

我们认为，共同目标的确定是团队建设的第一件大事。

原因在于：

①共同目标是形成团队的前提；

②共同目标是团队共同行动的方向；

③共同目标是团队行动的动力源泉；

④共同目标可以打开新的可能的行动领域；

⑤共同目标是评价团队效率的标准。

团队组织除了要有集体认同的共同目标外，还要在共同目标的指导下允许成员有个人的目标，并且要设计好共同目标实现以后会帮助成员实现目标的利益分配机制。

有了这样的设计，团队成员才愿意为团队努力。

如果没有这样的设计，团队目标实现了，团队成员没有什么收益上的变化，那么团队目标的实现将会变得非常不容易。

因为，在这种情况下团队成员不会为团队而努力。

基于以上认知，每一个团队在选择和设计其共同目标时，都一定要考虑如何将成员个人的利益融入共同目标之中，只有这样的目标设计才现实，并且容易实现。

个人在设计自己的发展目标时，也一定要充分考虑共同目标的要求，尽量将个人的目标融于共同目标之下进行设计，如此，个人的目标才能在共同目标的带动下顺利实现。

目标设定既关注集体也重视个体，是打造高绩效团队的必要条件。

它反映的是人性当中"趋利避害"的需求。

如果抛开了这一点谈打造高绩效团队，结论只能是"空谈"。

（2）团队拥有优秀的领导。

优秀的领导不是什么都会，而是会把团队成员协同到一起。

优秀的领导是构建高绩效团队的又一个必要条件。

反论此思想可以得出的结论是：

缺少强有力的领导者，要想打造高绩效的团队是根本无法完成的任务。

（3）团队成员之间技能互补。

一群高手，有可能打造的是一个低级的团队。

这是为什么？

因为都是同类中人，彼此之间无法互补。

一群普通人，有可能打造的是一个高级的团队。

这是为什么？

因为人人得尽所长，人人各尽所能。

所以，一个优秀的团队一定要整合一群拥有不同技能的人才。

一个优秀团队，其成员所拥有的技能必须具有互补性，而且还要具有一定程度上的差异性。

（4）团队成员可以一致地共同行动。

要达成协调一致的行动，需要团队具备两个前提条件：

一个条件是成员之间可以进行良好的沟通，另一个条件是团队组织有成熟完善的运行规范。

成熟完善的运行规范是达成一致行动的依据，它是刚性的要求。

成员之间的良好沟通关系是达成一致行动的补充，它是柔性的方法。

对于高效团队而言，柔性的沟通比刚性的制度更为重要。

有一组统计数据表明，在企业管理过程中，通常管理者工作时间的

20%～50%在进行语言沟通。

如果把文字沟通，包括计划、报告、邮件、社交软件加进去，为工作时间的 64%。

按以上比例计算的话，管理者每小时有 16～46 分钟在进行沟通。

所以可以说，中层主管每天 50% 的时间用在沟通上，中层主管工作中 50% 的障碍由沟通引起。

企业管理过去是沟通，现在是沟通，未来还是沟通。管理者的真正工作就是沟通。不管到了什么时候，企业管理都离不开沟通。

威尔奇说，整个企业的工作是从最上层的领导开始的，我经常跟我们各个公司的领导说：他们工作的努力程度与下属沟通能获得成百上千倍的效用。所以 CEO 为整个公司定了基调。每天我都在努力地深入每个员工的内心，让他们感觉到我的存在。即使我出差在很远的地方，我也会花上 16 个小时与我的员工沟通。

如此用心沟通，高绩效的团队自然可成。

（5）重视中国式团队文化建设。

对于中国的企业而言，因为管理的是中国的员工，是用中国式价值观指导自己行动的中国员工，因而，中国企业的各类团队在进行团队文化建设时，必须引入中国传统文化的核心思想，必须在中国传统文化的指导下打造自己团队的中国式风范。

这是可以做，也是必须要做的事情。

（6）团队成员之间视彼此为伙伴。

高效团队成员之间将彼此视为"伙伴"。

"伙伴"的关系比同事的关系又进了一步。

因为是"伙伴"，所以会亲密。

因为是"伙伴"，可能很熟悉。

因为是"伙伴"，可能已经长期在一起，或是将要长期在一起。

因为是"伙伴"，所以彼此之间不仅在工作上可以密切配合，而且在生活中还可以培养深厚的友谊。

（7）团队经常组织学习。

团队要经常组织学习。

然后，团队就会变得越来越有力量。

但是要切记一点，学习不是狂风万里的事情，它应该是润物无声、无声润物的活动。

所以，不要把学习搞成形式主义。

所以，要学习适用和管用的理念与方法，还有工具。

在企业中，学习也是工作，工作也是学习。

学习不仅可以丰富个人的知识，而且还可以产生巨大的效益。

后者的效果应该更加明显。

如此，成员才愿意学习，才会主动学习，才会参加学习活动，并安排时间自行学习。

成员愿意学，团队组织学，学了就有用，有用还要学。

这样，学习型团队才算是真正建立起来了。

努力学习、长期学习对个人一定是有益的，对团队也是这样。

对此，荀子说，"吾尝终日而思矣，不如须臾之所学也。吾尝企而望矣，不如登高之博见也。登高而招，臂非加长也，而见者远；顺风而呼，声非加疾也，而闻者彰。假舆马者，非利足也，而致千里；假舟楫者，非能水也，而绝江河。君子生非异也，善假于物也"。

理在其中也，利亦在其中也。

（8）团队领导包括成员能够多方整合外部资源。

团队领导的一个很重要工作就是整合外部资源为团队所用。

团队成员当中能力较强的人也需要参与到整合外部资源的工作当中。

如果整合不到外部资源，团队的运转就会失去活力。

如果能够得到外部资源的大力支持，则团队的发展就会富有战斗力。

因此，能否有效整合外部资源，是否可以得到外部力量的支持就成为高效团队的判断标准之一。

孙悟空之强大，不只是其能力强，还包括其整合外援的水平。

关于这一点，我们要学习。

（9）允许且能够存在建设性的冲突。

哲学告诉我们，世界是矛盾的，矛盾是事物发展的动力。

因为矛盾具有普遍性，"事事有矛盾，时时有矛盾"，所以在团队当中存在矛盾和冲突是正常的，也是不可避免的。

有冲突不要紧，关键要看冲突的"类型"是什么。

通常而言，冲突分作两种，一种是破坏性的冲突，另一种是建设性的冲突。

在高效的团队当中，可以存在建设性的冲突，但不能有破坏性的冲突。

有建设性冲突的团队是高效的，有破坏性冲突或是一点冲突都没有的团队不可能高效。

这种建设性的冲突可以理解为合理的竞争、有意义的分歧、有价值的争论、友善地指出缺点、共同讨论存在的不足，等等。

对于建设性冲突应该持有的态度，可以向孔子学习，他在《论语》当中说，"揖让而升，下而饮，其争也君子"。

孔子所说的这种竞争和冲突，就是有价值的"建设性冲突"的典范。

11.4　提防低效团队

低效团队在民营企业当中是存在的。

而且还有很多。

可是，为什么会存在低效团队，一个简单的回答是：这个团队没有按照以上高效团队的标准进行建设。

为了在民营企业当中提防出现低绩效的团队，民营企业家们要带领自己的团队密切关注以下可能出现低绩效团队的原因。

（1）领导不得力。

前面我们分析了团队领导的重要性。

并且得出了这样一个结论：有了优秀的团队领导，才有可能打造出高效的团队。

而如果出现了不优秀的领导，则必然会出现低效的团队。

这是最简单的逻辑。

可是，什么样的领导是不优秀的领导，或者说什么样的领导是不给力的领导？

在现实企业管理过程中，团队领导不得力的表现有很多，其中可以概括出两个主要的表现，即要么太文，要么太武；要么太刚，要么太柔，而不能做到文武兼修、刚柔并济。

（2）缺乏真正的人才。

一个团队只有优秀的领导是不够的，这个领导还需要几个有能力的帮手。

这正如一个优秀的将军，其手下怎么可以没有一些优秀的"士兵"。

"一个好汉三个帮""一个篱笆三个桩"，几个或是十几个分别具有不同技能的人才，团结到团队领导身边，这样才能打造高绩效的团队。

相反地，如果缺乏人才，既没有技术性人才，也没有管理性人才，既无通才，也无专才，那么，这样的团队想不低效也是困难的。

（3）缺乏完善的制度和规范。

一个团队，领导者优秀，成员优秀，人才很多，各怀绝技，结果还是低效，这是为什么呢？

原因在于，制度和规范出了问题。

主要表现为，团队管理的流程和模式没有建立起来。

要么是领导者自己说了算。

要么是大家很分散，不讲原则，不守约束，散乱如一盘沙。

有了规矩才有方圆，没有规矩不成方圆，这句话用在这里很合适。

（4）团队气氛差。

一个团队，都是精英，制度完善，依然低效，原因何在？

这种低效团队的出现可能是团队气氛差所致，团队成员只知道工作，不知道相互沟通，彼此只有工作往来，没有生活接触，大家工作和生活在这个团队里感觉冷冰冰，压抑、不快乐，甚至没有意愿全面施展自己的才华，更谈不上事业心和亲密感。

如此团队气氛，着实会令团队高效不起来，结果是勉强凑合，不可长久。

（5）缺乏诚信。

关于诚信，老子说，"信不足焉，有不信焉"。意即，"诚信不足，就会产生不信任的心理"。

基于这种思想可知，团队经常无信，则会导致成员之间信任缺失，领导与成员、成员与成员之间缺失信任则高效团队难成。

团队领导在组建团队之初，为了吸引各种人才，可能会做出种种承诺，这些承诺如果能够得以兑现，则可以留住和用好人才；如果团队领导的承诺不能兑现，失信于成员，则大量人才会从此流失。

同理，加入一个团队的团队成员，对团队也有一份承诺，也要守住一个信字，"说能做到就要做到""应该做到就不要做不到"，言必行，行必果，才能赢得领导的信任和其他成员的信服。

由此可见，团队的构建，信是很重要的基础，由它而生的最重要的企业文化便是共享。上下守信，利益共享，则高效团队可成；上下无信，利益独吞，则低效团队出现。

（6）利益分配不当。

现代企业之团队是基于逐利而形成的，也是为了逐利而发展的。所以，对于企业团队而言，不适用"君子耻于谈利"这一说法。

为了确保团队高效，应该事先说清楚利益分配的办法，事后依据既定的办法认真分配利益，如果这两点任何一点出了差错，都会导致低效团队的产生。

（7）无沟通与难妥协。

团队成功的一个很大原因在于彼此之间视对方为伙伴，既然是伙伴关系就应该经常沟通，沟通解决不了的事情可以各退一步，彼此妥协，以不致影响团队工作的正常开展，这些都是高效团队的正常表现。

可是，如果一个团队内部缺乏沟通机制和沟通氛围，要么领导"一言堂"，其他成员"噤若寒蝉"，即便发现问题也不说，即使有好的建议也不提；要么遇事各执一词、互不相让、绝不妥协，则这样的团队一切顺利还好，但凡稍遇挫折，则必然受阻。

如此类型团队，可视为低效团队之一，如此无沟通与难妥协的状态，是为低效团队出现的一个常见原因。

（8）因循守旧而不能开创性地进行工作。

守规范不等于守旧，按章办事不等于因循，创新不否定好的做法，有创新才能开创性地工作，这是高效团队成员都应该想明白的一个道理。

很多团队低效了，正是因为团队成员们大多没有想明白，或者主要是团队领导没有想明白这个道理。

团队因循守旧、默守成规，不思开拓进取，团队成员只扫"门前雪"，不管他人檐上霜，只看眼前这块地，不肯抬头望望天，抱着以往的经验过稳定的日子，结果自然会被时代与社会进步的大潮所淹没。团队或可存，但不能久，即便一时可高效，但绝不可能持久。

11.5　团队管理重点

经过以上分析，可以总结团队管理应该重点关注的内容在于九个方面，即：

①团队目标；

②团队领导；

③团队成员技能之专业化与互补性；

④团队规范；

⑤团队关系与团队沟通；

⑥团队士气与团队战斗力；

⑦团队效率和效益；

⑧团队资源；

⑨团队变革。

（1）团队管理的第一个重点是"团队目标"。

"团队目标"是团队发展的方向，关于团队目标的描述在于四个要点，即：

①团队目标十分明确，具有挑战性；

②成员能清楚地描述共同目标，并愿意献身于这个目标；

③目标分解到位，形成了达成总体目标的目标体系和路径，成员们愿意以关键目标来衡量进步；

④融于团队目标的个人目标及个人可能的收益十分明确。

（2）团队管理的第二个重点是"团队领导"。

"团队领导"是团队的核心，关于团队领导的描述是：

①团队领导愿意与成员共享领导权，共同进行重要的团队决策；

②优秀的团队领导会尊重成员的建议与意见，并愿意与他们针对分歧展开深入的讨论；

③团队领导知道关心成员，并帮助他们成长，对整个团队提供不断的支持和鼓励，并且乐于庆祝成员个人和团队取得的成就；

④团队领导知道学习并乐于组织成员进行学习。

（3）团队管理的第三个重点是"团队成员"。

"团队成员"是团队的核心要素，对于团队成员技能的描述在于强调其专业化与互补性，即：

①每个成员都具有专业化的能力，都明白自己在团队中的角色和团队对自己的期望；

②团队成员之间的技能具有互补性，每个成员的不同技能、知识和力量都会被认可并充分利用；

③成员有常态化的渠道获得工作上相互之间必要的支持，成员之间非常和谐地朝着目标前进，并同时关注工作的结果；

④可以很明显地看出成员之间互相尊重，愿意相互帮助，并能够承诺高标准、高质量地完成任务。

（4）团队管理的第四个重点是"团队规范"。

"团队规范"是团队开展工作所应该遵循的程序和要求，它的内容十分丰富，下面是其中的四个要点：

①使用有效的程序来安排和跟踪任务与项目，在工作开展过程中权责明确；

②政策规定和原则要求是以帮助团队成员更有效和更容易地工作为出发点，所以每个成员都可以参与政策和制度的制定，并严格遵守；

③团队内部强调群策群议，反对"一言堂"；

④允许成员在工作中因为尝试而犯错，成员要敢于承认错误，要有共同分析错误、吸取经验教训的制度设计。

（5）团队管理的第五个重点是"团队关系"。

"团队关系"既是团队建设的结果，也是团队发展的保证，对于团队关系与团队沟通的描述在于：

①团队有固定的沟通方式和沟通机制，各个成员都可以参加团队的会议和讨论；

②团队成员肯公开并诚实地表达自己的想法，直抒己见，没有顾虑；

③成员之间除了工作之外，生活中有经常的互动；

④不同的意见和观点会受到重视，可以勇敢地面对并且开诚布公地处理不同意见。

（6）团队管理的第六个重点是"团队士气"。

"团队士气"是团队战斗力的基础，是团队文化建设的结果，对于团队士气的描述同样有四个要点，即：

①个人有信心，而且士气高；

②个人乐于作为团队的一员，对自己的工作引以为荣；

③成员主动性与创造性工作的热情很高；

④团队向心力强，团队整体士气高。

（7）团队管理的第七个重点是"团队效率与团队效益"。

"团队效率与团队效益"最终表现为团队的生产力，团队生产力水平高的表现在于：

①产出多，效率高；

②品质好，求卓越；

③决策速度快；

④执行力强。

（8）团队管理的第八个重点是"团队资源"。

"团队资源"是团队发展的基础，关于团队的资源要做到：

①团队内部资源配置合理；

②团队领导善于整合外部资源；

③团队有解决困难的能力和储备；

④团队的贡献可以受到组织的重视，并能够得到组织的帮助。

（9）团队管理的第九个重点是"团队变革"。

"团队变革"是团队适应环境和战略挑战的必要工作环节，对此可用四点描述，即：

①借助互联网思维，鼓励创造和创新；

②可以接纳团队成员的变革需求并且对这些需求做出反应；

③基于环境变化可以做出快速调整；

④视变革为成长和提高的机会，在需要变革的时候可以马上行动。